PELANDUK POCKET

M·A·L·A·Y FOR EVERYONE

MASTERING MALAY THROUGH ENGLISH

PELANDUK POCKET

M·A·L·A·Y FOR EVERYONE

MASTERING MALAY THROUGH ENGLISH

OTHMAN SULAIMAN

Pelanduk Publications

Published by
Pelanduk Publications (M) Sdn. Bhd.
24, Jalan 20/16A, 46300 Petaling Jaya,
Selangor Darul Ehsan,
Malaysia.

Perpustakaan Negara Malaysia
Data-Mengkatalog-dalam Penerbitan

Othman Sulaiman
Malay for everyone / Othman Sulaiman.
Includes bibliographies
ISBN 967-978-322-7
1. Bahasa Malaysia — Usage.
2. Bahasa Malaysia — Grammar.
I. Title.
499.2382421

Printed in Malaysia by
Eagle Trading Sdn. Bhd., 81 Jalan SS 25/32,
47301 Petaling Jaya, Selangor Darul Ehsan,
Malaysia.

Contents

Preface

THIS is a specially designed teach-yourself book for those who are conversant in English and want to learn and master the Malay language, in the shortest possible time, in the privacy and comfort of their homes, at their own leisure.

Malay, or 'Bahasa Malaysia' as it now known in Malaysia, has a rich history rivalling that of many European languages. During the Middle Ages in Europe, Malay Rulers spoke an increasingly refined 'Classical Malay' which had developed over the centuries from the cruder bazaar Malay of the archipelago's traders. In the 1400s' by the time the Malacca sultanate had been set up, epics such as the Malay Annals achieved a style and elegance second to none.

During the colonial era Classical Malay almost disappeared when the elite began to adopt the language of the colonial rulers. However, bazaar Malay survived among traders and ordinary folk and it was this language, together with a renewed interest in Classical Malay, which formed the basis of the National Language (Bahasa Malaysia or Malay) after Malaysia's independence in 1957. Since then Malay has been enriched by the addition of a wide range of new words and expressions consistent with its development as a language of modern technology. Moreover, cooperation with Indonesia, which also adopted Malay as its national language, has resulted in greater standardisation of spelling and terminology. Today, the language is known and used by more than 150 million Asians.

This book guarantees a thorough grounding of the Malay language in all the basic elements needed to secure a polished and full command of the language. This is not a dull and dry conventional coursebook, the lessons having been methodically prepared to ensure a rapid acquisition of Malay.

The Script

THE Malay language or bahasa Malaysia uses two distinct scripts: the Jawi and the Rumi. The Jawi is the Arabic form of writing which was introduced to this country by Muslim missionaries in the 15th century and the knowledge of it is an advantage to the study of advanced bahasa Malaysia and classical Malay literature.

Rumi is of course the Roman alphabet which came into use at the advent of British administration. For the purpose of studying the language it is quite sufficient to know only one of the scripts, and since the Rumi is considered to be the easier of the two and also the official script, it is the script used in this book.

PRONUNCIATION

The Vowels

It is an important point to remember that every syllable of a bahasa Malaysia word requires a vowel, without which it would be soundless. In bahasa Malaysia there are six vowel phonemes, namely, *a, e, e(pepet), i, o,* and *u.*

a is pronounced *aa* or *ar* in tar, bar, and therefore,

saya (I) is pronounced *sa–yaa*

mata (eyes) is pronounced *ma–taa*

kaya (rich) is pronounced *ka–yaa*

e is pronounced *ere,* or are in mare or hare or pare, and therefore,

meja (table) is pronounced *mare–jaa*

sewa (rent) is pronounced *sare–waa*

e(pepet) is pronounced *err,* and the sound is very short indeed, therefore,

kera (monkey) is pronounced *kraa*

peta (map) is pronounced *ptaa*

i is pronounced *ee* as in feed, deed, etc. but the sound is not as long and therefore,

pipi (cheek) is pronounced *pee–pee*

biji (seed) is pronounced *bee–jee*

kiri (left) is pronounced *kee–ree*

o is pronounced *or* or *aw* in law, raw, etc., and therefore,

bola (ball) is pronounced *baw–laa*

roti (bread) is pronounced *raw–tee*

topi (hat) is pronounced *taw–pee*

u is pronounced *oo* in boot, soot, etc., and therefore,

susu (milk) is pronounced *soo–soo*

buku (book) is pronounced *boo–koo*

guru (teacher) is pronounced *goo–roo*

In closed syllables, that is to say, when these vowels are followed by a consonant the above rules still stand, examples:

sayap (wing) is pronounced *sa–yaap*

padang (field) is pronounced *pa–daang*

merah (red) is pronounced *mare–raah*

dewi (goddess) is pronounced *dare–wee*

perang (war) is pronounced *praang*

ketam (crab) is pronounced *ktaam*

pipit (sparrow) is pronounced *pee–peet*

kikis (to scrape) is pronounced *kee–kees*

lompat (to jump) is pronounced *lorm–paat*
tongkat (walking stick) is pronounced *tong–kaat*
kasut (shoes) is pronounced *ka–soot*
rumput (grass) is pronounced *room–poot*

Diphthongs

The diphthongs *are ai, au* and *oi.*

ai is pronounced *igh* or *ie* as in sigh or tie respectively, and therefore,

misai (moustache) is pronounced *mee–sigh*
pantai (beach) is pronounced *paan–tie*
tupai (squirrel) is pronounced *too–pie*

au is pronounced *ow* as in now, how, cow etc., and therefore,

kerbau (buffalo) is pronounced *ker–bow*
hijau (green) is pronounced *hee–jow*
pisau (a knife) is pronounced *pee–sow*

oi is pronounced almost like the English *oy* in boy, toy, joy, etc. and therefore,

kaloi (a fish) is pronounced *kar–loy*
amboi (oh!) is pronounced *um–boy*
tampoi (a tree) is pronounced *tum–poy*

The Consonants

In general the pronunciation of consonants in bahasa Malaysia is the same as in English, but the following should be given special attention.

c is pronounced *ch* as in chair, chin, much, etc.

g is always hard such as in garden, gun, globe, etc; not as in ginger.

h used as an 'initial' is very soft and hardly audible, e.g. *hidung* (nose), *hulu* (handle), etc. The 'medial' *h* should be distinctly pronounced when it stands between two similar or different vowels, e.g.:

pa/h/at	(chisel)
po/h/on	(tree)

sa/h/abat (companion)
si/h/at (healthy)
ma/h/ir (skilled)
ba/h/u (shoulder)

The 'final' *h* is soft but unlike the English *h* must be distinctly pronounced, examples:

leba/h (bee)
ruma/h (house)
mera/h (red)
sawa/h (rice-field)
tana/h (land)

The 'final' *k* is soft and hardly audible. It is not exploded as in English, examples:

budak (child)
perak (silver)
tarik (to pull)

r as a 'final' letter in a penultimate syllable, should be distinctly pronounced, examples:

kertas (paper)
harta (property)
derma (donation)

But if it falls in the final syllable it is hardly audible, examples:

lapar (hungry)
pasir (sand)
telur (egg)

v and *x* are used only in the spelling of borrowed words.

There are bahasa Malaysia sounds which are represented by two letters, in other words, they can be considered as two-lettered consonants. They are: *ng, sy, dh, gh, kh,* and *ny*.

ng has the same value as it is in English.

sy is the equivalent of *sh* in English.

dh, gh, and *kh,* are used in the spelling of words originating from Arabic, and there are no such sounds in the English language.

gh almost resembles the *r* in the French word 'Paris', examples:

masyghul	(sad)
ghaib	(to disappear)
ghalib	(usual)

kh is more or less equivalent to the Scottish *ch* in 'loch', examples:

khabar	(news)
ikhlas	(sincere)
tawarikh	(history)

ny sound is also absent in English. It should be pronounced like the *n* in the Spanish word 'Señor'. Therefore, the words:

minyak (oil) should be pronounced *mi-nyak*
not *min-yak*
or *miniak*

banyak (many, much) should be pronounced *bar-nyak*
not *barn-yak*
or *baniak*

nyanyi (to sing) should be pronounced *nya-nyi*
not *nia-ni* etc.

LESSON 1

NOUNS — Singular and Plural; Copulatives PRONOUNS — Demonstrative Pronouns

IN English we generally have to add one or more letters to the singular noun in order to make it plural. In other words, the singular and the plural have different forms. It is not so in bahasa Malaysia.

A bahasa Malaysia noun in the singular may be used in the plural without changing its form. We can almost always tell the number by the context. There are a few occasions, however, when a bahasa Malaysia sentence needs further information for clarifying the number. This is one of the important differences between English and bahasa Malaysia.

Study the following sentences:

(a) *Saya ada buku,* may either mean
I have a book, (singular) or
I have books, (plural)

(b) *Gunung itu tinggi,* means
That mountain is high, (singular)

(c) *Lembu makan rumput,* means
Cows eat grass, (plural)

When plurality is to be specifically indicated, Numerals, or Quantifiers, or Numerals with Classifiers, are attached to the nouns; and if the number is not stated the nouns are reduplicated.

Examples:

(a) *Ahmad ada lima ringgit.* (Numeral)
Ahmad has five dollars.

(b) *Ramai orang minum kopi.* (Quantifier)
Many people drink coffee.

(c) *Dia membeli lima ekor ikan.* (Numeral with Classifier)
He bought five fish.

(d) *Pelajar-pelajar itu rajin.* (Reduplication)
The students are hard-working.

Words To Remember

NOUNS

bakul, basket
buku, book
fail, file
gambar, picture
kamus, dictionary
kerusi, chair
lampu, lamp
meja, table
pembaris, ruler
pen, pen
pensel, pencil
surat, letter

DEMONSTRATIVE PRONOUN

In bahasa Malaysia there are only two words used as Demonstrative Pronouns, namely: *ini* and *itu.* The word *ini* stands for this and these; and *itu* stands for that and those. Here again, you see that no distinction is made between singular and plural.

COPULATIVES

The English copula am, is are, was, and were are not normally rendered in bahasa Malaysia.

Examples:

(a)	*Saya pelajar.*	I am a student.
(b)	*Ini buku.*	This is a book.
(c)	*Itu kerusi.*	That is a chair.
(d)	*Ini gambar.*	These are pictures.
(e)	*Itu lampu.*	Those are lamps.

Exercise

Translate the following sentences into bahasa Malaysia. After you have written out all the sentences check with the correct translations below this exercise:

1. This is a dictionary.
2. This is a pen.
3. That is a letter.
4. These are pencils.
5. Those are baskets.
6. That is a picture.
7. Those are lamps.
8. This is a ruler.
9. That is a file.

Now check your sentences with the correct translations below:

1. *Ini kamus.*
2. *Ini pen.*
3. *Itu surat.*
4. *Ini pensel.*
5. *Itu bakul.*
6. *Itu gambar.*
7. *Itu lampu.*
8. *Ini pembaris.*
9. *Itu fail.*

LESSON 2

NOUNS — Negatives (*bukan*)

WHEN you want to turn an affirmative sentence into the negative, either to contradict a previous statement, question or thought, you place the word *bukan* immediately before the word it qualifies.

Examples:

(a) *Ini kerusi, bukan bangku.*
This is a chair, not a bench.

(b) *Itu majalah, bukan buku.*
That is a magazine, not a book.

(c) *Ini pensel, bukan rokok.*
These are pencils, not cigarettes.

(d) *Itu kerusi, bukan meja.*
Those are chairs, not tables.

Words To Remember

NOUNS

bangku, bench; stool
jam, clock; watch
kipas, fan
laci, drawer
loceng, bell
majalah, magazine
mancis, matches
pisau, knife
rokok, cigarette
sampul surat, envelope
suratkhabar, newspaper
ubat, medicine

Exercise

Translate the following sentences into bahasa Malaysia. After you have written out all the sentences check with the correct translations below this exercise:

1. This is a magazine, not a newspaper.
2. That is a fan, not a bell.
3. This is a pencil, not a pen.
4. This is a drawer, not a table.
5. Those are clocks, not lamps.
6. This is a bench, not a chair.
7. That is a knife, not a pen.
8. Those are cigarettes, not pencils.
9. That is a basket, not a fan.
10. These are magazines not books.

Now check your sentences with the correct translations below:

1. *Ini majalah, bukan suratkhabar.*
2. *Itu kipas, bukan loceng.*
3. *Ini pensel, bukan pen.*
4. *Ini laci, bukan meja.*
5. *Itu jam, bukan lampu.*
6. *Ini bangku, bukan kerusi.*
7. *Itu pisau, bukan pen.*
8. *Itu rokok, bukan pensel.*
9. *Itu bakul, bukan kipas.*
10. *Ini majalah, bukan buku.*

LESSON 3

NOUNS — Interrogatives

THE interrogative form is indicated either by inflection of a declarative sentence, or by placing the particle *kah* to a word in a declarative sentence. The word that has *kah* attached to it, has the most emphasis.

Hence, the interrogative sentence, 'Is that medicine?' may be rendered,

either,	(a)	*Itu ubat?*	(by inflection, that is by raising the voice)
or,	(b)	*Itukah ubat?*	(emphasis on *itu*)
or,	(c)	*Itu ubatkah?*	(emphasis on *ubat*)

Similarly the sentence, 'Is this a lamp?' may be rendered,

either,	(a)	*Ini lampu?*
or,	(b)	*Inikah lampu?*
or,	(c)	*Ini lampukah?*

The interrogative sentences 'What is that?' and 'What are those?' are similarly rendered: *Itu apa?* or *Apa itu?*

It should be noted that the position of a word determines its emphasis. The earlier it occurs the more emphasis is attached to it.

Note: In conversation the words *itu* and *ini* in sentences such as *Apa itu?* and *Apa ini?* are often contracted to *tu* and *ni* respectively.

Words To Remember

NOUNS

anak kunci, key
atap, roof
bilik, room
ibu kunci, padlock
katil, bedstead
pintu, door
siling, ceiling
tangga, stairs; ladder
tingkap, window
ubat, medicine

MISCELLANEOUS

apa, what
bukan, no; not
ya, yes
tidak, no

CONVERSATION

Ini apa?
Ini anak kunci.

Ini apa?
Ini mancis.

Itu apa?
Itu rokok.

Itu apa?
Itu sampul surat.

Ini lampukah?
Bukan, ini bukan lampu; ini bakul.

Itu kipaskah?
Ya, itu kipas.

Itu jamkah?
Bukan, itu bukan jam.

Itu apa?
Itu gambar.

Ini bungakah?
Ya, ini bunga.

Exercise

You will find two columns of bahasa Malaysia words below. Take words from Column 1 and Column 2 and form sentences with them.

1	2
Ini	*bunga*
	gambar
	kamus
	kerusi
	lampu
	bakul
	surat
	pisau
Itu	*jam*
	loceng
	majalah
	tingkap
	katil
	pintu

Translate the following sentences into bahasa Malaysia. After you have written out all the sentences check with the correct translations below this exercise:

1. Is that a key?
2. Is that a door?
3. Is this a padlock?
4. Is this medicine?
5. Are these matches?
6. Are those pencils?
7. Is this a magazine?
8. Are those pictures?
9. Is that a basket?
10. What are those?

Now check your sentences with the correct translations below. Any one of the three renderings is correct:

1. *Itu anak kunci?*
   Itukah anak kunci?
   Itu anak kuncikah?

2. *Itu pintu?*
   Itukah pintu?
   Itu pintukah?

3. *Ini ibu kunci?*
   Inikah ibu kunci?
   Ini ibu kuncikah?

4. *Ini ubat?*
   Inikah ubat?
   Ini ubatkah?

5. *Ini mancis?*
   Inikah mancis?
   Ini manciskah?

6. *Itu pensel?*
   Itukah pensel?
   Itu penselkah?

7. *Ini majalah?*
   Inikah majalah?
   Ini majalahkah?

8. *Itu gambar?*
   Itukah gambar?
   Itu gambarkah?

9. *Itu bakul?*
   Itukah bakul?
   Itu bakulkah?

10. *Apa itu?*
    Itu apa?

LESSON 4

NOUNS — Foreign Words
PRONOUNS — Personal Pronouns
VERBS — Verb 'to have' — *ada*

IN the list of words that you have so far learnt you might noticed that there are words which resemble or sound like English words. Yes, a good number of English words have been borrowed and assimilated into bahasa Malaysia vocabulary — a few with their original spelling but many with new modified forms, that is they are spelt according to bahasa Malaysia phonetic system. More and more English words are getting into bahasa Malaysia vocabulary especially those of technical and scientific terms.

We also have words which have been derived from other European languages such as Portuguese and Dutch, and other Asian languages such as Arabic, Chinese and various Indian languages.

The words *lampu, meja,* and *bangku,* for example, are derived from Portuguese; *buka* and *laci* from Dutch; *pen, pensel mancis, basikal* and *siling* from English; *kerusi, kamus, surat, majalah* and *suratkhabar* from Arabic; *jam* and *katil* from Persian and Tamil respectively.

Whenever you come across a new bahasa Malaysia word, see whether you can tell its origin.

Words To Remember

NOUNS

anjing, dog
basikal, bicycle
gajah, elephant
kucing, cat
kuda, horse
lembu, cow
motokar, motor-car
rumah, house; home
sekolah, school
wang, money

PERSONAL PRONOUNS

The use of Personal Pronouns in bahasa Malaysia (particularly the first and the second persons) is a tricky business. You will be surprised to know that there is more than a dozen words, in current use, for the first person singular, alone! In English you have only two words: 'I' and 'me'.

However, this should not discourage you, for, at this stage you are required to learn only the few Personal Pronouns, given below:

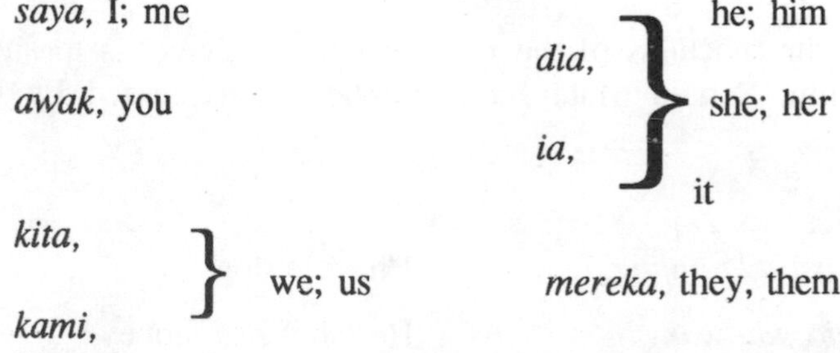

saya, I; me

awak, you

dia, } he; him
ia, } she; her; it

kita, } we; us
kami, } we; us

mereka, they, them

Here is a short note on the use of the above Personal Pronouns:

The word *saya* is polite. It can be used to your friends, your parents, your teachers, and those people who are superior to you and also to people lower in status, like gardeners, labourers and children.

The word *awak* is supposed to be the counterpart of *saya,* but it is not perfectly so. You must not use *awak* to persons who are superior to you, such as your parents, your teachers or your boss. They will be shocked! You can use *awak* among your equals, and people lower in status and age.

For the English word we, there are two words in bahasa Malaysia, and there is a difference between the two. *Kita* is used when the person you are speaking to is included, whereas *kami* is not.

Dia and *ia* are sometimes interchangeable, but *dia* gives more emphasis. Some writers reserve the word *dia* for human beings and animals, that is, those with lives.

Though there are alternatives for *mereka,* such words are used only in conversation, not in writing.

You should be pleased to learn that the Personal Pronouns in the above list are used both as a Subject as well as an Object except *ia. Ia* is only used as a Subject.

Note: There is a Personal Pronoun which can be used only as an object. The word is *nya,* meaning he, she, or it. It is always attached to the previous word.

THE VERB 'TO HAVE' — *ada*

One of the functions of the English verb 'to have' is to show possession. Bahasa Malaysia possession is expressed by the word *ada.*

Examples:

(a)	*Saya ada anjing.*	I have a dog.
(b)	*Dia ada wang.*	He (she) has money.
(c)	*Awak ada rumah.*	You have a house.
(d)	*Kami ada basikal.*	We have bicycles.
(e)	*Mereka ada lembu.*	They have cows.
(f)	*Kita ada kucing, dia ada anjing.*	We have cats, she has a dog.

CONVERSATION

Awak ada apa?
Saya ada basikal.

Dia ada apa?
Dia ada rokok.

Zainab ada apa?
Zainab ada kucing.

Ah Leng ada apa?
Ah Leng ada anjing.

Hasyim ada apa.
Hasyim ada kuda.

Krisynan ada apa?
Krisynan ada lembu.

Kita ada apa?
Kita ada sekolah.

Mereka ada apa?
Mereka ada motokar.

Exercise

You will find three columns of bahasa Malaysia words below.

Take words from Column 1, Column 2, and Column 3 and form sentences with them.

1	2	3
Saya		*kucing*
		wang
Awak		*rumah*
		lembu
		gambar
Dia		*kerusi*
	ada	*lampu*
Ramli		*pisau*
		rokok
Kami		*mancis*
		katil
Kita		*ubat*
		motokar
		kuda
Mereka		*basikal*

Translate the following sentences into bahasa Malaysia. After you have written out all the sentences check with the correct translations below this exercise:

1. You have a horse.
2. We have a school.
3. Zainab has a cat.
4. I have a car.
5. They have an elephant.
6. She has a magazine.
7. Ah Leng has a dog.
8. Houses have roofs.
9. He has a dictionary.
10. Tables have drawers.
11. He has a basket.
12. I have a watch.
13. We have a bell.
14. You have an envelope.
15. Ramli has a knife.

Now check your sentences with the correct translation below:

1. *Awak ada kuda.*
2. *Kami ada sekolah.*
3. *Zainab ada kucing.*
4. *Saya ada motokar.*
5. *Mereka ada gajah.*
6. *Dia ada majalah.*
7. *Ah Leng ada anjing.*
8. *Rumah ada atap.*
9. *Dia ada kamus.*
10. *Meja ada laci.*
11. *Dia ada bakul.*
12. *Saya ada jam.*
13. *Kami ada loceng.*
14. *Awak ada sampul surat.*
15. *Ramli ada pisau.*

LESSON 5

VERB — Verb 'to have' (Negatives) — *tidak ada*

IN the previous lesson you have learnt that 'to have' is expressed as *ada*. The negative form is *tidak ada* and it is often abbreviated to *tak ada,* particularly in conversation.

Examples:

(a)	*Saya tidak ada motokar.*	I have no car.
(b)	*Awak tidak ada lembu.*	You have no cow.
(c)	*Dia tidak ada rokok.*	He has no cigarettes.
(d)	*Dia tidak ada pisau.*	He (she) has no knife.
(e)	*Kami tidak ada wang.*	We have no money.
(f)	*Mereka tidak ada pensel.*	They have no pencils.
(g)	*Zainab tidak ada jam.*	Zainab has no watch (clock).

Words To Remember

NOUNS

baju, coat
baju hujan, rain-coat
belalai, trunk (of elephant)
berus, brush
kasut, shoes
kemeja, shirt
payung, umbrella
sapu tangan, handkerchief
selimut, blanket
stoking, stockings; socks
sikat, comb
songkok, Malay cap
tali pinggang, belt
topi, hat

CONJUNCTIONS

atau, or
tetapi, but
dan, and

Exercise

For practice, combine the words below in different ways to form as many sentences as you can. Just be sure to use words from each of the three columns in every sentence you form.

1	2	3
Saya		*selimut*
Awak		*sikat*
		sapu tangan
Dia		*payung*
	ada	*kemeja*
		stoking
Kami		*rumah*
		baju hujan
Mereka		*berus*
Hasyim	*tidak ada*	*tali pinggang*
		topi
		katil
		kamus
		majalah

Translate the following sentences into bahasa Malaysia. After you have written out all the sentences check with the correct translations below this exercise:

1. That house has no ceiling.
2. We have no raincoat, but we have umbrellas.
3. You have no brush or comb.
4. Elephants have trunks, but cows have none.
5. I have no dogs or cats.
6. Ah Leng has no hat.
7. They have no handkerchiefs.
8. Krisynan has no stockings or shoes.
9. He has no coat, but he has a shirt.
10. You have no belt, but you have a handkerchief.

Check your sentences with the correct translations below:

1. *Rumah itu tidak ada siling.*
2. *Kami tidak ada baju hujan, tetapi kami ada payung.*
3. *Awak tidak ada berus atau sikat.*
4. *Gajah ada belalai, tetapi lembu tidak ada.*
5. *Saya tidak ada anjing atau kucing.*
6. *Ah Leng tidak ada topi.*
7. *Mereka tidak ada sapu tangan.*
8. *Krisynan tidak ada stoking atau kasut.*
9. *Dia tidak ada baju, tetapi dia ada kemeja.*
10. *Awak tidak ada tali pinggang, tetapi awak ada sapu tangan.*

LESSON 6

VERB — Verb 'to have' (Interrogatives)

YOU have learnt in Lesson 3 that the interrogative form of the Verb 'to have' may be obtained by inflection, that is, by raising the voice or by placing the particle *kah* after a word in a declarative sentence.

The interrogative form of the Verb 'to have' may similarly be formed. The sentence 'Have you a house?' or example, may be rendered,

either, (a) *Awak ada rumah?*
or, (b) *Awak ada rumahkah?*
or, (c) *Awak adakah rumah?*

The particle *kah* may also be affixed to *awak*, thus:
Awakkah ada rumah?

But this construction will convey a slightly different meaning. It means: 'Is it you that has house?' The answer to this would be: *Ya, saya.* (Yes, it's I.) But the answer to the first three questions would be: *Ada.* or *Saya ada.* (I have.)

Words To Remember

NOUNS

drebar, driver
doktor, doctor
guru, teacher
kerani, clerk
kuali, pan
murid, pupil
orang gaji, servant
peladang, farmer
penuntut, student
polis, policeman
tukang masak, cook

CONVERSATION

Awak ada topi?
Ya, saya ada topi.

Awak adakah payung?
Ya, saya ada payung.

Awak ada baju hujan?
Tak ada, saya tak ada baju hujan.

Zainab ada lembukah?
Tak ada, Zainab tak ada lembu, tetapi dia ada kucing.

Ah Leng ada anjingkah?
Ya, Ah Leng ada anjing.

Ah Leng ada anjingkah atau kuda?
Ah Leng ada anjing, tetapi dia tak ada kuda.

Hasyim adakah kuda dan kucing?
Hasyim ada kuda, tetapi dia tak ada kucing.

Krisynan ada apa?
Krisynan ada lembu.

Krisynan adakah kucing dan anjing?
Krisynan tak ada kucing atau anjing.

Siapa ada kuali?
Tukang masak ada kuali.

Siapa ada kamus?
Guru ada kamus.

Siapa ada ubat?
Doktor ada ubat.

Murid-murid adakah buku?
Ya, murid-murid ada buku.

Siapa ada pen dan pensel?
Kami ada pen dan pensel.

Exercise

Combine the words in the three columns below to form as many sentences in the interrogative forms as you can:

1	2	3
Doktor *Guru* *Kerani* *Polis* *Murid* *Peladang* *Penuntut* *Tukang gunting* *Tukang jahit* *Tukang kayu* *Tukang masak* *Awak*	*adakah*	*kuali?* *kamus?* *meja?* *loceng?* *kipas?* *pisau?* *ubat?* *basikal?* *rumah?* *motokar?* *lembu?* *kuda?* *surat?*

Translate the following sentences into bahasa Malaysia. After you have written out all the sentences check with the correct translations below this exercise:

1. Have you a clerk?
2. Has the policeman a bicycle?
3. Has the student a dictionary?
4. Have you a driver?
5. Has he a cook?
6. Has the doctor a dog?
7. Have the farmer and the tailor bicycles?
8. Have you a servant?
9. Has she a pen?
10. Has the bicycle a lamp?
11. Have you a ruler?
12. Has she money?
13. Have you a newspaper?
14. Has she an umbrella?
15. Have they a motorcar?

Now check your sentences with the correct translations below:

1. *Awak adakah kerani?*
2. *Polis adakah basikal?*
3. *Penuntut adakah kamus?*
4. *Awak adakah drebar?*
5. *Dia adakah tukang masak?*
6. *Doktor adakah anjing?*
7. *Peladang dan tukang jahit adakah basikal?*
8. *Awak adakah orang gaji?*
9. *Dia adakah kuali?*
10. *Basikal adakah lampu?*
11. *Awak adakah pembaris?*
12. *Dia adakah wang?*
13. *Awak adakah suratkhabar?*
14. *Dia adakah payung?*
15. *Mereka adakah motokar?*

LESSON 7

NUMERALS — Cardinal Numbers

NUMBERS in bahasa Malaysia are expressed as follows:

1	*Satu*	11	*Sebelas*
2	*Dua*	12	*Dua belas*
3	*Tiga*	13	*Tiga belas*
4	*Empat*	14	*Empat belas*
5	*Lima*	15	*Lima belas*
6	*Enam*	16	*Enam belas*
7	*Tujuh*	17	*Tujuh belas*
8	*Lapan*	18	*Lapan belas*
9	*Sembilan*	19	*Sembilan belas*
10	*Sepuluh*	20	*Dua puluh*

You will see that the word *belas* is attached to the 'units' from 11 to 19. It is equivalent to the English 'teen'. The word *se* in *sebelas* is abbreviated from *satu*. Though *se* and *satu* are interchangeable in most cases, *satu belas* is never used.
The 'tens' is *puluh*.

20	*Dua puluh*	59	*Lima puluh sembilan*
30	*Tiga puluh*	68	*Enam puluh lapan*
40	*Empat puluh*	71	*Tujuh puluh satu*

50	*Lima puluh*	82	*Lapan puluh dua*
60	*Enam puluh*	94	*Sembilan puluh empat*
70	*Tujuh puluh*	47	*Empat puluh tujuh*
80	*Lapan puluh*	26	*Dua puluh enam*
90	*Sembilan puluh*	35	*Tiga puluh lima*
100	*Seratus*	603	*Enam ratus tiga*
527	*Lima ratus dua puluh tujuh*	1000	*Seribu*
		3548	*Tiga ribu lima ratus empat puluh lapan*

Zero (0) is expressed as *kosong*.

The word and in the English expression 'Five hundred and twenty seven' is not rendered in bahasa Malaysia.

Exercise

(A) Write the following numbers in bahasa Malaysia.

1.	39	6.	432
2.	74	7.	259
3.	51	8.	713
4.	82	9.	395
5.	63	10.	1960

(B) Write the following words in figures:

1. *Dua puluh lima*
2. *Empat puluh lapan*
3. *Tujuh puluh sembilan*
4. *Dua ratus enam puluh tiga*
5. *Lima ratus empat puluh tujuh*
6. *Enam ratus lapan puluh satu*
7. *Tiga ratus sembilan puluh empat*
8. *Tujuh ratus sembilan puluh*
9. *Dua ribu tiga ratus empat puluh lima*
10. *Empat ribu sebelas*

Now check your attempts of the above exercise with the correct answers below:

(A)

1. *Tiga puluh sembilan*
2. *Tujuh puluh empat*
3. *Lima puluh satu*
4. *Lapan puluh dua*
5. *Enam puluh tiga*
6. *Empat ratus tiga puluh dua*
7. *Dua ratus lima puluh sembilan*
8. *Tiga ratus tiga belas*
9. *Tiga ratus sembilan puluh lima*
10. *Seribu sembilan ratus enam puluh*

(B)

1.	25	6.	681
2.	48	7.	394
3.	79	8.	790
4.	263	9.	2345
5.	547	10.	4011

FRACTIONS AND DECIMAL POINTS

Fractions are expressed as follows:

one quarter	(1/4)	—	*suku*
half	(1/2)	—	*setengah*
three quarters	(3/4)	—	*tiga suku*
one-third	(1/3)	—	*satu pertiga*
two-third	(2/3)	—	*dua pertiga*
three-fifth	(3/5)	—	*tiga perlima*
four-seventh	(4/7)	—	*empat pertujuh*
six-fifteenth	(6/15)	—	*enam perlima belas*

Decimal point is expressed as *perpuluhan* (i.e. *per sepuluh*), e.g. 2.3 – *dua perpuluhan tiga.*

7.25	—	*tujuh perpuluhan dua lima*
16.014	—	*enam belas perpuluhan kosong satu empat*

Percent (%) is expressed as *peratus* (i.e. *perseratus*), e.g.

5%	—	*lima peratus*
35%	—	*tiga puluh lima peratus*
12½%	—	*dua belas setengah peratus*

LESSON 8

CLASSIFIERS — *Orang; Ekor; Batang; Buah; Biji*

WHEN counting objects we have to use a class of words which we call *Penjodoh Bilangan.* It is called 'Classifiers' in English. Classifiers correspond to the English sheet, in the expression of 'four sheets of paper', etc.

There are many Classifiers in bahasa Malaysia, but the most commonly used ones number just about a dozen. We shall, however, learn a few at a time, in order of its importance.

Below is given the first set of the most commonly used Classifiers, and the objects each takes:

1. *Orang* (meaning person) is used for counting human beings, e.g.

   tiga orang polis — three policemen
   sepuluh orang penuntut — ten students
   enam orang tukang masak — six cooks

2. *Ekor* (meaning tail) is used for counting animals, birds, fish, insects, etc., e.g.

lima ekor kambing — five goats
sepuluh ekor itik — ten ducks

empat ekor ikan — four fish
seekor nyamuk — a mosquito

3. *Batang* is used for counting rod–like objects such as poles, cigarettes, pens, pencils, etc., e.g.
dua batang pen — two pens
lima batang pensel — five pencils
dua puluh batang rokok — twenty cigarettes

4. *Buah* (meaning fruit) is used for counting many types of objects which are usually large or cubical in appearance such as countries, buildings, rivers, ships, vehicles, furniture, rooms, islands, books, etc., e.g.
sebuah pulau — an island
dua buah kerusi — two chairs
tiga buah rumah — three houses
enam buah motokar — six cars

5. *Biji* (meaning seed) is used for counting spherical objects such as cups, fruits, eggs, eyes, etc., e.g.
lima biji kelapa — five coconuts
empat biji cawan — four cups
sembilan biji telur — nine eggs

Note: When attached to a 'Classifier' the word *satu* is always contracted to *se*.

Words To Remember

NOUNS

ayam, fowl; chicken
bilik, room
burung, bird
cawan, cup
harimau, tiger
ikan, fish
mangga, mango
negeri, country
nenas, pineapple
nyamuk, mosquito
pisang, banana
pulau, island

itik, duck
kambing, goat
kapal, ship
kelapa, coconut
singa, lion
sungai, river
telur, egg
ular, snake

ADVERBS

berapa, how many
sahaja, only

CONVERSATION

Awak ada ayam?
Ya, saya ada ayam.

Awak ada berapa ekor ayam?
Saya ada lapan ekor ayam.

Awak ada itik?
Ya, saya ada itik.

Ada berapa ekor?
Ada sepuluh ekor.

Siapa ada ikan?
Tukang masak ada ikan.

Ada berapa ekor?
Ada dua ekor.

Lila adakah pisang dan nenas?
Lila ada pisang tetapi dia tak ada nenas.

Ada berapa biji?
Ada enam biji.

Seorang guru ada berapa orang murid?
Seorang guru ada tiga puluh orang murid.

Seorang murid ada berapa buah buku?
Seorang murid ada tujuh buah buku.

Awak ada rokok?
Ya, saya ada rokok.

Awak ada sepuluh batang rokok?
Tak ada, saya ada lima batang sahaja.

Awak ada berapa batang pen?
Saya ada sebatang pen sahaja.

Exercise

Fill in the blanks in the following sentences with the correct 'Classifiers':

1. *Ah Leng ada se .... anjing.*
2. *Kami ada sepuluh .... telur.*
3. *Lila ada tiga .... pensel.*
4. *Dia ada lima .... kelapa.*
5. *Mereka ada se .... guru.*
6. *Sebuah rumah ada tiga .... bilik.*
7. *Kami tidak ada itik, tetapi ada lima ....ayam.*
8. *Awak ada dua .... rokok.*
9. *Hasyim ada se .... kamus.*
10. *Seorang guru ada tiga puluh .... murid.*
11. *Saya ada se .... pisang sahaja.*
12. *Ahmad ada se .... pen.*
13. *Mereka ada dua .... motokar.*
14. *Kami ada se .... tukang masak.*
15. *Mutu ada sepuluh .... kambing.*

Translate the following sentences into bahasa Malaysia. After you have written out all the sentences check with the correct translations below this exercise:

1. She has three pineapples.
2. You have two pencils.
3. They have twenty goats.
4. One teacher has forty pupils.
5. He has two cigarettes only.
6. I have no pen, but I have two pencils.

7. We have no money, but we have a car.
8. One room has two fans.
9. Ahmad has two dictionaries.
10. We have six mangoes and three fish.

Now check your sentences with the correct translations below:

1. *Dia ada tiga biji nenas.*
2. *Awak ada dua batang pensel.*
3. *Mereka ada dua puluh ekor kambing.*
4. *Seorang guru ada empat puluh orang murid.*
5. *Dia ada dua batang rokok sahaja.*
6. *Saya tidak ada pen, tetapi saya ada dua batang pensel.*
7. *Kami tidak ada wang, tetapi kami ada sebuah motokar.*
8. *Sebuah bilik ada dua buah kipas.*
9. *Ahmad ada dua buah kamus.*
10. *Kami ada enam biji mangga dan tiga ekor ikan.*

LESSON 9

ADJECTIVES — Adjectives of Quality; Demonstrative Adjectives

IN English, Adjectives of Quality precede the nouns; in bahasa Malaysia such adjectives follow the nouns they qualify, as in the following examples:

orang muda	a young man
sekolah besar	a large school
gambar cantik	a beautiful picture
bilik bersih	a clean room
ayat panjang	a long sentence

Demonstrative Adjectives also follow the nouns they qualify, examples:

kamus ini	this dictionary
laci itu	that drawer
surat-surat ini	these letters
majalah-majalah itu	those magazines

If both Adjectives of Quality and Demonstrative Adjectives are used successively the Demonstrative Adjectives – follow the Adjectives of Quality, examples:

kamus baharu ini	this new dictionary
laci besar itu	that big drawer

gambar-gambar cantik ini	these beautiful pictures
majalah-majalah Melayu itu	those Malay magazines

Words To Remember

NOUNS

anggur, grapes
ayat, sentence
bahasa, language
bandar, city
buah, fruit
mentega, butter
pagar, fence
pelajaran, lesson

ADJECTIVES

baharu, new
bersih, clean
besar, large; big
cantik, beautiful
gemuk, fat
kecil, small
kurus, thin
muda, young
nipis, thin
panas, hot
panjang, long
sangat, very
senang, easy
tebal, thick
tidak berapa, not so
tinggi, tall; high

Bahasa Malaysia adjectives are also used predicatively in the same way as they are used in English, that is to say, they are placed at the end of sentences.

Examples:

Pelajaran ini senang.	This lesson is easy.
Motokar itu baharu.	That car is new.
Buah-buah ini besar.	These fruits are large.
Sapu tangan-sapu tangan itu bersih.	Those handkerchiefs are clean.
Pokok-pokok kelapa itu tinggi.	Those coconut trees are tall.
Bandar Tokyo sangat besar.	Tokyo city is very large.

Bilik ini tidak berapa bersih. This room is not so clean.
Bunga ini sangat cantik. This flower is very beautiful.

For the purpose of emphasis the Adjectives may be placed before the noun. The Suffix *nya* may be added further to make it more emphatic.

Examples:

Hari ini panas.	It's hot day.
Panas hari ini! *Panasnya hari ini!*	} How hot it is today!
Makanan ini sedap.	This food is delicious.
Sedap makanan ini! *Sedapnya makanan ini!*	} How delicious this food is!
Buah anggur itu manis.	The grapes are sweet.
Manis buah anggur itu! *Manisnya buah anggur itu!*	} How sweet the grapes!
Burung itu cantik.	*The bird is pretty.*
Cantik burung itu! *Cantiknya burung itu!*	} How pretty the bird is!
Majalah ini tebal.	This magazine is thick.
Tebal majalah ini! *Tebalnya majalah ini!*	} How thick this magazine is!

CONVERSATION

Doktor itu mudakah?
Ya, doktor itu muda.

Doktor itu gemukkah?
Tidak, doktor itu tidak gemuk.

Guru itu tinggikah?
Ya, guru itu tinggi.

Tukang gunting itu kuruskah?
Ya, tukang gunting itu kurus.

Polis itu kuruskah?
Tidak, polis itu tidak kurus dan tidak gemuk.

Gambar itu cantikkah?
Ya, gambar itu cantik.

Rumah itu cantikkah?
Ya, rumah itu sangat cantik.

Sekolah itu besarkah?
Ya, sekolah itu besar.

Motokar itu besarkah?
Tidak, motokar itu tidak besar.

Kamus itu baharukah?
Ya, kamus itu baharu.

Kamus itu tebalkah?
Tidak, kamus itu tidak berapa tebal.

Ular itu panjangkah?
Ya, ular itu panjang.

Sungai Pahang panjangkah?
Ya, Sungai Pahang panjang.

Negeri ini panaskah?
Ya, negeri ini panas.

Bilik ini panaskah?
Tidak, bilik ini tidak berapa panas.

Bandar Kuala Lumpur bersihkah?
Ya, bandar Kuala Lumpur sangat bersih.

Exercise

Combine the words in the three columns below to form as many sentences as you can. Just be sure to use words from each of the three columns in every sentence you form.

1	2	3
Kamus *Mangga* *Pulau* *Kapal* *Bilik* *Sungai* *Bangku* *Kerani*	*itu*	*tebal* *cantik* *muda* *baharu* *panas* *panjang* *sangat besar* *tidak berapa* *bersih*

Translate the following sentences into bahasa Malaysia. After you have written out all the sentences check with the correct translation below this exercise:

1. That teacher is young.
2. Malaysia is a beautiful country.
3. That ruler is new.
4. This cow is very thin.
5. Tokyo is a large city.
6. She has no clean handkerchief.
7. This new dictionary is thick.
8. You have a new bicycle.
9. We have long benches.
10. Are those fruits clean?
11. Do you have new shoes?
12. That umbrella is very beautiful.
13. The doctor has a new car and big house.
14. Zainab has two unripe pineapples.
15. This new lesson is not so easy.

Now check your sentences with the correct translations below:

1. *Guru itu muda.*
2. *Malaysia negara cantik.*
3. *Pembaris itu baharu.*
4. *Lembu ini sangat kurus.*
5. *Tokyo bandar besar.*
6. *Dia tidak ada sapu tangan bersih.*
7. *Kamus baharu ini tebal.*
8. *Awak ada basikal baharu.*
9. *Kami ada bangku panjang.*
10. *Buah-buah itu bersihkah?*
11. *Awak adakah kasut baharu?*
12. *Payung itu sangat cantik.*
13. *Doktor itu ada motokar baharu dan rumah besar.*
14. *Zainab ada dua biji nenas muda.*
15. *Pelajaran baharu ini bukannya mudah.*

LESSON 10

ADJECTIVES — Adjectives of Number

IF an Adjective of Number is used in a sentence the number is placed before the noun. If a Classifier is also required the Classifier follows the number.

Examples:

(i) Without Classifiers:

tiga ringgit	three dollars
sepuluh sen	ten cents
dua jam	two hours
empat hari	four days

(ii) With Classifiers:

tiga ekor kambing	three goats
dua buah motokar	two cars
enam batang tiang	six poles
empat ekor rama-rama	four butterflies

Examples in sentences:

(a) *Ahmad ada lima ringgit.* Ahmad has five dollars.

(b) *Seorang budak ada lima puluh sen.* One boy has fifty cents.

(c) *Dia ada sepuluh kilo ubi kentang.* He has ten kilo of potatoes.

(d) *Kami ada dua puluh buah buku.* We have twenty books.

(e) *Zainab ada dua ekor kucing.* Zainab has two cats.

Words To Remember

NOUNS

air batu, iced-water
berapa harga, how much; what is the price
coklat, chocolates
gelas, glass (the tumbler)
gelen, gallon
harga, price
harganya, its price
ubi kentang, potatoes
kapur, chalk
kilo, kilo
kotak, box
minyak, oil
ringgit, dollar
sen, cents
tiang, poles
tongkat, walking-stick

CONVERSATION

Berapa harga sebatang pensel?
Harga sebatang pensel dua puluh sen.

Berapa harga sepuluh batang rokok?
Harga sepuluh batang rokok seringgit lima puluh sen.

Berapa harga seekor ayam?
Harga seekor ayam lima ringgit.

Berapa harga sebuah motokar?
Harga sebuah motokar dua puluh lima ribu ringgit.

Berapa harga segelen minyak?
Segelen minyak harganya lima ringgit sepuluh sen.

Berapa harga segelas air batu?
Segelas air batu harganya empat puluh sen.

Berapa harga sekotak mancis?
Sekotak mancis harganya sepuluh sen.

Berapa harga suratkhabar ini?
Suratkhabar ini harganya lima puluh sen.

Berapa harga majalah ini?
Majalah ini harganya dua ringgit lima puluh sen.

Berapa harga sekotak coklat?
Sekotak coklat harganya seringgit lapan puluh sen.

Berapa harga seekor burung ini?
Seekor burung ini harganya lima ringgit.

Berapa harga sebuah kamus Melayu?
Sebuah kamus Melayu harganya lima belas ringgit.

Berapa harga sebatang tongkat?
Sebatang tongkat harganya enam ringgit.

Exercise

Translate the following sentences into bahasa Malaysia. After you have written out all the sentences check with the correct translations below this exercise:

1. I have ten dollars.
2. He has a dog and two big cats.
3. That farmer has a large hat.
4. Doctor Lim has two cars — one is new.
5. Our teacher has three boxes of chalk.
6. That car has four lamps.
7. You have three large fish.
8. That school has two bells.
9. I have no umbrella, but I have a raincoat and a hat.

10. One farmer has twelve cows and thirty goats.
11. How many dollars have you?
12. What is the price of that picture?
13. What is the price of this magazine?
14. How many pens have you?
15. How many pupils has she?

Now check your sentences with the correct translation below:

1. *Saya ada sepuluh ringgit.*
2. *Dia ada seekor anjing dan dua ekor kucing besar.*
3. *Peladang itu ada sebuah topi besar.*
4. *Doktor Lim ada dua buah motokar — sebuah baharu.*
5. *Guru kami ada tiga kotak kapur.*
6. *Motokar itu ada empat biji lampu.*
7. *Awak ada tiga ekor ikan besar.*
8. *Sekolah itu ada dua buah loceng.*
9. *Saya tidak ada payung, tetapi saya ada baju hujan dan topi.*
10. *Seorang peladang ada dua belas ekor lembu dan tiga puluh ekor kambing.*
11. *Awak ada berapa ringgit?*
12. *Berapa harga gambar itu?*
13. *Berapa harga majalah ini?*
14. *Awak ada berapa batang pen?*
15. *Dia ada berapa orang murid?*

LESSON 11

GENDER NUMBERS — Ordinal Numbers

WHEN we use words denoting persons or animals we generally use them in the Common Gender. For example, the English sentence: "That is my son", would be expressed: *"Itu anak saya."* (That is my child). Similarly the sentence: "Those girls are industrious" is expressed, *"Budak-budak itu rajin."* (Those children are industrious).

However, if the sex is to be determined it is done by placing the words *lelaki* (meaning male) and *perempuan* (meaning female) to most nouns denoting persons. For animals, *jantan* dan *betina* are used respectively.

Examples of Nouns denoting persons:

budak lelaki, boy	*budak perempuan,* girl
orang lelaki, man	*orang perempuan,* woman
pelayan lelaki, waiter	*pelayan perempuan,* waitress
doktor lelaki, man doctor	*doktor perempuan,* lady doctor
murid lelaki, male pupil	*murid perempuan,* female pupil

Examples of Nouns denoting animals:

ayam jantan, cock	*ayam betina,* hen
lembu jantan, bull	*lembu betina,* cow
singa jantan, lion	*singa betina,* lioness
harimau jantan, tiger	*harimau betina,* tigress
gajah jantan, bull elephant	*gajah betina,* cow elephant

There are, however, a few words which have specified forms for Masculine and Feminine. Among those few are:

seniman, actor	*seniwati,* actress
maharaja, emperor	*maharani,* empress
putera, prince	*puteri,* princess
biduan, songster	*biduanita,* songstress
ustaz, male Muslim religious teacher	*ustazah,* female Muslim religious teacher

It should be noted that the describing words *lelaki, perempuan, jantan* and *betina* should be used only when the sex has to be determined.

Observe the following examples:

(a)	*Orang ini tukang masak.*	This man (or woman) is a cook.
(b)	*Budak lelaki ada rama-rama, budak perempuan ada coklat.*	The boys have butterflies, the girls have chocolate.
(c)	*Gopal ada lima ekor lembu.*	Gopal has five cows.
(d)	*Ayam jantan dua ekor itu cantik.*	Those two cocks are beautiful.

Ordinal Numbers

Ordinals in bahasa Malaysia are expressed as follows:

yang pertama, first
yang kedua, second
yang ketiga, third
yang keempat, fourth
yang kelima, fifth
yang keenam, sixth
yang ketujuh, seventh
yang kelapan, eighth
yang kesembilan, ninth
yang kesepuluh, tenth

You will notice that with the exception of first (*yang pertama*), the rest are formed just by placing the word *yang* and prefixing *ke* immediately before the numeral. A noun, when used, comes before the Ordinals.

Examples:

murid yang pertama	the first pupil
bilik yang ketiga	the third room
hari yang keempat	the fourth day
rumah yang kelima	the fifth house
pelajaran yang kelapan	the eighth lesson
ayat yang kesepuluh	the tenth sentence
budak yang kedua puluh	the twentieth boy (girl)
perkataan yang kedua	the second word

Words To Remember

NOUNS

ayat, sentence
bola, ball
hari, day
malam, night
muka surat, page
perkataan, word

ADJECTIVES

kotor, dirty
mahal, expensive
murah, cheap
pendek, short
sejuk, cold
susah, difficult

CONVERSATION

Bilik yang ke berapa mahal?
Bilik yang pertama mahal.

Bilik yang ke berapa murah?
Bilik yang kedua murah.

Ayat ini panjangkah?
Tidak, ayat ini tidak panjang; ayat yang kelima panjang.

Ayat yang ketiga panjang atau pendek?
Ayat yang ketiga pendek.

Hari yang ke berapa panas?
Hari yang kedua panas.

Malam yang ke berapa sejuk?
Malam yang keempat sejuk.

Rumah yang ketiga itu berapa harganya?
Rumah yang ketiga itu harganya lapan ribu ringgit.

Ini pelajaran yang ke berapa?
Ini pelajaran yang kesebelas.

Pelajaran yang kesebelas panjang atau pendek?
Pelajaran yang kesebelas panjang.

Pelajaran yang kesembilan panjangkah?
Pelajaran yang kesembilan tidak berapa panjang.

Pelajaran yang kesebelas ini susahkah?
Tidak berapa susah.

Exercise

Combine the words in the three columns below to form as many sentences as you can. Just be sure to use words from each of the three columns in every sentence you form.

1	2	3
Pulau	*yang pertama*	*panjang*
Bilik		*bersih*
Pelajaran	*yang kedua*	*kecil*
Tangga		*tinggi*
Pokok	*yang ketiga*	*senang*
Budak	*yang keempat*	*baharu*
Lampu		*cantik*
Bandar	*yang kelima*	*kotor*
Kuda		

Translate the following sentences into bahasa Malaysia. After you have written out all the sentences check with the correct translations below this exercise:

1. The second day is hot.
2. The third bicycle is not so new.
3. The fourth lesson is very easy.
4. The second letter was long.
5. The third window is large.
6. The first door is small.
7. The fourth horse is fat.
8. The sixth sentence is long.
9. The tenth night was cold.
10. The second house is large, but it is dirty.
11. The ninth pupil is a girl.
12. The third student is tall.
13. The twentieth word is long.
14. The tenth page is very dirty.
15. The fifth room is not so clean.

Now check your sentences with the correct translations below:

1. *Hari yang kedua panas.*
2. *Basikal yang ketiga tidak berapa baharu.*
3. *Pelajaran yang keempat sangat senang.*
4. *Surat yang kedua panjang.*
5. *Tingkap yang ketiga besar.*
6. *Pintu yang pertama kecil.*
7. *Kuda yang keempat gemuk.*
8. *Ayat yang keenam panjang.*
9. *Malam yang kesepuluh sejuk.*
10. *Rumah yang kedua besar tetapi kotor.*
11. *Murid yang kesembilan budak perempuan.*
12. *Pelajar yang ketiga tinggi.*
13. *Perkataan yang kedua puluh panjang.*
14. *Muka surat yang kesepuluh sangat kotor.*
15. *Bilik yang kelima tidak berapa bersih.*

LESSON 12

ADJECTIVES — Possessive Adjectives

POSSESSIVE Adjectives are formed simply by placing Personal Pronouns after the Nouns.

Examples:

nama saya	my name
kakak awak	your (elder) sister
basikal dia	his (her) bicycle
guru kami	our teacher
bahasa mereka	their language

Examples in sentences:

(a) *Guru kami ada motokar baharu.*
Our teacher has a new car.

(b) *Sapu tangan awak bersih.*
Your handkerchief is clean.

(c) *Payung dia baharu.*
His (her) umbrella is new.

(d) *Bapa dia gemuk, tetapi emak dia kurus.*
His (her) father is fat, but his (her) mother is thin.

(e) *Bahasa Melayu tidak berapa susah.*
The Malay language is not so difficult.

(f) *Negeri mereka panas, tetapi kadang-kadang sangat sejuk.*
Their country is hot, but sometimes very cold.

(g) *Isteri dia guru.*
His wife is a teacher.

The word *ada* besides being used to indicate possession as explained in Lesson 4, is also used to show presence or existence.

Examples:

(a) *Wang saya ada di dalam laci itu.*
My money is in that drawer.

(b) *Di atas meja itu ada lampu.*
On the table there is a lamp.

(c) *Di bawah rumah ada anjing.*
Under the house there is a dog.

(d) *Di dalam kelas kami ada tiga puluh orang pelajar.*
In our class there are thirty students.

(e) *Di rumah saya ada dua buah peti radio.*
There are two radio sets in my house.

The negative of *ada* is of course, *tidak ada.* (in speech contracted to *tak ada*).

Examples:

(a) *Bapa saya tidak ada di rumah.*
My father is not at home.

(b) *Di dalam sungai itu tidak ada ikan.*
There is no fish in that river.

(c) *Di negara kita tidak ada salji.*
There is no snow in our country.

(d) *Di atas meja kerani itu tidak ada telefon.*
There is no telephone on the clerk's table.

Note: It is a mistake to use *ada* with an Adjective, as shown in the following examples:

(a) *Orang itu ada gemuk.*
(b) *Rumah dia ada cantik.*
(c) *Pekan Ipoh ada besar.*

Words To Remember

NOUNS

abang, elder brother
adik, younger brother younger sister
almari, cupboard
anak, child (of one's own or used in intimate term); son; daughter
bapa, father
Cik, Miss
emak, mother
Encik, Mr.
isteri, wife
kakak, elder sister
kanak-kanak, children (general)
kawan, friend
kerja, work
telefon, telephone
nama, name
peti radio, radio set
Puan, Mrs., Madam
salji, snow
sekolah menengah, secondary school
suami, husband

ADJECTIVES

basah, wet
kaya, rich
miskin, poor
yang sulung, the eldest

MISCELLANEOUS

di, at
di atas, on
di bawah, under
di rumah, at home
kadang-kadang, sometimes
sekarang, now; at present
siapa, who

CONVERSATION

Itu rumah siapa?
Itu rumah Encik Ibrahim.

Rumah itu baharukah?
Ya, rumah itu baharu.

Di mana Encik Ibrahim sekarang?
Encik Ibrahim ada di rumah.

Encik Ibrahim ada isterikah?
Ya, Encik Ibrahim ada isteri.

Siapa nama isteri Encik Ibrahim?
Nama isteri Encik Ibrahim, Puan Kalsum.

Encik Ibrahim adakah anak?
Ya, Encik Ibrahim ada lima orang anak.

Berapa orang lelaki, berapa orang perempuan?
Dua orang lelaki, tiga orang perempuan.

Siapa nama anak Encik Ibrahim yang sulung?
Nama anak Encik Ibrahim yang sulung, Ramli.

Siapa nama adik-adik Ramli?
Nama adik-adik Ramli: Ramlah, Rosli, Rosnah, dan Rohana.

Ramli adakah di rumah sekarang?
Ramli tidak ada di rumah sekarang.

Di mana dia?
Dia di Kuala Lumpur.

Dia seorang pelajarkah?
Ya, dia seorang pelajar sekolah menengah di Kuala Lumpur.

Apa kerja Encik Ibrahim?
Encik Ibrahim, peladang.

Encik Ibrahim orang kayakah atau miskin?
Encik Ibrahim bukan orang kaya, bukan orang miskin.

Encik Ibrahim ada motokarkah?
Encik Ibrahim tidak ada motokar, tetapi dia ada motosikal.

Di rumah Encik Ibrahim adakah peti radio?
Ya, di rumah Encik Ibrahim ada peti radio.

Di mana peti radio itu?
Peti radio itu ada di atas meja kecil.

Exercise

Combine the words in the four columns below to form as many sentences as you can. Just be sure to use words from each of the three columns in every sentence you form.

1	2	3	4
Di dalam *Di bawah* *Di atas*	*sekolah kami* *rumah dia* *kotak ini* *bilik mereka* *almari* *motokar itu*	*ada*	*motosikal* *gambar* *kerusi* *kanak-kanak* *peti radio* *kapur* *katil* *loceng* *kemeja* *wang* *bola*

Translate the following sentences into bahasa Malaysia. After you have written out all the sentences check with the correct translations below this exercise:

1. On her head there is a butterfly.
2. In the box there are five pieces of chalk.
3. Your letter is in this file.
4. What is on that cupboard?
5. Under the tables there are two big baskets.
6. On the chair there is a fat cat.
7. There is cold water in the glass.
8. In the basket there are twenty eggs.
9. There is money in that envelope.
10. Your friend is in that room.
11. His sister is a student in Kuala Lumpur.
12. Encik Ramasami and his wife are at home.
13. His children are under the big tree.
14. There are no dogs or cats in our house.
15. Our country is hot, their country is cold.

Now check your sentences with the correct translations below:

1. *Di atas kepala dia ada rama-rama.*
2. *Di dalam kotak itu ada lima batang kapur.*
3. *Surat awak ada di dalam fail ini.*
4. *Apa ada di atas almari itu?*
5. *Di bawah meja itu ada dua buah bakul besar.*
6. *Di atas kerusi itu ada kucing gemuk.*
7. *Di dalam gelas itu ada air sejuk.*
8. *Di dalam bakul itu ada dua puluh biji telur.*
9. *Di dalam sampul surat itu ada wang.*
10. *Kawan awak ada di dalam bilik itu.*
11. *Kakak dia seorang penuntut di Kuala Lumpur.*
12. *Encik Ramasami dan isterinya ada di rumah.*
13. *Anak-anak dia ada di bawah pokok besar itu.*
14. *Di dalam rumah kami tidak ada anjing atau kucing.*
15. *Negara kita panas, negara mereka sejuk.*

LESSON 13

ADJECTIVES — Positive and Comparative

IF a person or thing is compared with another as being alike or equal to it in some respects, the word *sama* (meaning the 'same') is used before the adjectives, e.g.

sama tinggi	—	of the same height
sama besar	—	of the same size
sama panjang	—	of the same length
sama panjang	—	as long as
sama cantik	—	as beautiful as

Examples in sentences:

(a) *Awak dan saya sama tinggi*, or
Awak sama tinggi dengan saya.
You and I are of the same height.

(b) *Buah kelapa dan bola sama besar*, or
Buah kelapa sama besar dengan bola.
A coconut and a ball are of the same size.

(c) *Pensel itu dan pensel ini sama panjang,* or
Pensel itu sama panjang dengan pensel ini.
That pencil is as long as this pencil.

COMPARATIVE ADJECTIVES

When an Adjective is used comparatively the word *lebih* or *lagi* is placed before the adjective, followed by *daripada* (than), as in the following examples:

(a) *Perak lebih murah daripada emas.*
Silver is cheaper than gold.

(b) *Pen awak lebih baik daripada pen saya.*
Your pen is better than my pen.

(c) *Kayu lebih ringan daripada besi.*
Wood is lighter than iron.

The word *lagi* may of course be used in place of *lebih* in the above sentences.

The above examples can also be expressed as follows:

(a) *Perak dengan emas, murah lagi perak.*
(literally means: Silver and gold, silver is cheaper.)

(b) *Pen awak dengan pen saya, baik lagi pen awak.*
(literally means: Your pen and my pen, your pen is better.)

(c) *Kayu dengan besi, ringan lagi kayu.*
(literally means: Wood and iron, wood is lighter.)

CONVERSATION

Ali: *Mana lebih mahal, emas atau besi?*
Busu: *Tentulah emas; tapi besi lebih berguna.*

Ali: *Mengapa besi lebih berguna?*
Busu: *Besi keras. Daripada besi kita boleh buat kapal, motokar, motosikal, basikal dan barang-barang lain.*

Ali:	*Bolehkah kita buat kapal terbang?*
Busu:	*Kapal terbang tak boleh; sebab, besi berat. Kapal terbang mesti ringan.*
Ali:	*Apakah barang-barang kecil kita boleh buat daripada besi?*
Busu:	*Kita boleh buat lembing, pedang, pisau dan kuali.*

Note: *'tapi'* is a short form of *'tetapi'*. It is used in conversation only.

Words To Remember

NOUNS

bangunan, building
barang, thing
besi, iron
bukit, hill
bulan, moon
emas, gold
getah, rubber
gunung, mountain
kain, cloth
kapal terbang, aeroplane
kayu, wood
kulit, skin; leather
kuman, germ
lembing, spear
markah, mark
pantai, beach
pedang, sword
perak, silver
semut, ant

ADJECTIVES

bagus, good; fine
baik, good
berat, heavy
berguna, useful
bulat, round
buruk, old; ugly
busuk, bad; stinking
gelap, dark
halus, tiny; fine
jahat, bad; naughty
keras, hard
kuat, strong
laju, fast
lembut, soft
pandai, clever
rendah, short (in stature)
ringan, light
tajam, sharp
terang, bright
tua, old

MISCELLANEOUS

buat, make
boleh, can
daripada, from; than
mengapa, why
tentulah, certainly
lain, other
sebab, because
mesti, must

Exercise

Translate the following sentences into bahasa Malaysia. After you have written out all the sentences check with the correct translation below this exercise:

1. The wood is hard.
2. That thick book is light.
3. Our grandfather is old.
4. This pen is dear but it is good.
5. We are of the same height.
6. Those two rivers are of the same length.
7. His father is as old as my father.
8. Those two goats are of the same weight.
9. That cupboard is as heavy as this table.
10. Those two pictures are of the same beauty.
11. A tiger is stronger than an elephant.
12. A coconut tree is higher than a banana tree.
13. An aeroplane is faster than a car.
14. Our room is cleaner than their room.
15. This week is hotter than last week.
16. Gold is more expensive than silver.
17. His house is bigger than our house.
18. The beach at Port Dickson is more beautiful than the beach at Morib.
19. What is more useful than iron?
20. Ah Soo is lazier than Ah Kim.

Now check your sentences with the correct translation below:

1. *Kayu itu keras.*
2. *Buku tebal itu ringan.*

3. *Datuk kami tua.*
4. *Pen ini mahal tetapi bagus.*
5. *Kami sama tinggi.*
6. *Sungai dua buah itu sama panjang.*
7. *Bapa dia sama tua dengan bapa saya.*
8. *Kambing dua ekor itu sama berat.*
9. *Almari itu sama berat dengan meja ini.*
10. *Gambar dua keping itu sama cantik.*
11. *Harimau lebih kuat daripada gajah.*
12. *Pokok kelapa lebih tinggi daripada pokok pisang.*
13. *Kapal terbang lebih laju daripada motokar.*
14. *Bilik kita lebih bersih daripada bilik mereka.*
15. *Minggu ini lebih panas daripada minggu lepas.*
16. *Emas lebih mahal daripada perak.*
17. *Rumah dia lebih besar daripada rumah kita.*
18. *Pantai di Port Dickson lebih cantik daripada pantai di* Morib.
19. *Apakah lebih berguna daripada besi?*
20. *Ah Soo lebih malas daripada Ah Kim.*

LESSON 14

ADJECTIVES — Superlative Adjectives

THERE are three ways to form the Superlative Adjectives in bahasa Malaysia:

(i) By placing the words *yang* before and *sekali* after the adjectives respectively.

Examples:

yang tebal sekali	—	the thickest
yang cantik sekali	—	the most beautiful
yang baik sekali	—	the best

(ii) By adding the phrase *yang paling* before the adjectives.

Examples:

yang paling kuat	—	the strongest
yang paling enak	—	the most delicious
yang paling tinggi	—	the highest

(iii) By affixing *ter* to the adjectives.

Examples:

terbaru	—	the newest
termahal	—	the most expensive
terbesar	—	the largest

Note: You are warned that only certain adjectives can take the prefix *ter* to form the superlative. You can tell which is by lots of reading.

In Lesson 1 you were told that the English copula am, is, are, was and were are not normally rendered in bahasa Malaysia, but when you are going to expound or explain something, then the copula are rendered by the word *ialah*, or *adalah*.

Examples:

(a) *Saya ialah pelajar yang sangat suka belajar bahasa.*
I am a student who is very keen in learning languages.

(b) *Gunung Kinabalu ialah gunung yang tinggi sekali di Malaysia.*
Gunung Kinabalu is the highest mountain in Malaysia.

(c) *Malaysia dan Indonesia ialah dua buah negara yang mendapat banyak hujan.*
Malaysia and Indonesia are two countries which get plenty of rain.

(d) *Francis Light ialah orang Inggeris yang pertama mendarat di Pulau Pinang.*
Francis Light was the first Englishman to land in Penang.

(e) *Datuk Onn dan Tun Dr. Ismail adalah pemimpin teragung negara kita.*
Datuk Onn and Tun Dr. Ismail were great leaders of our country.

Examples of Superlative Adjectives used in sentences:

(a) *Pak Mat ialah orang yang kaya sekali pada masa itu.*
Pak Mat was the richest man at that time

(b) *Gajah ialah binatang yang besar sekali di dalam hutan kita.*
The elephant is the biggest animal in our jungle.

(c) *Lili ialah penuntut yang rajin sekali dalam kelas kami.*
Lili is the most hard-working student in our class.

(d) *Itukah kamus yang paling baik?*
Is that the best dictionary?

(e) *Bandar yang paling sibuk di dunia ialah Tokyo.*
The busiest city in the world is Tokyo.

(f) *Basikal jenis inilah yang paling murah.*
Bicycle of this brand is the cheapest.

(g) *Ahmad ialah pelajar yang terbaik di sekolah kami.*
Ahmad is the best student in our school.

(h) *Bangunan yang tertinggi di Kuala Lumpur ialah Bangunan U.M.B.C.*
The tallest building in Kuala Lumpur is the U.M.B.C. Building.

(i) *Sekolah yang terdekat dengan rumahnya ialah Sekolah Sri Petaling.*
The nearest school to his house is Sekolah Sri Petaling.

(j) *Kain yang paling mahal bukanlah semestinya yang paling baik.*
The most expensive cloth is not necessarily the best.

Words To Remember

NOUNS

bandaraya, city
datuk, grandfather
hadiah, prize; present
ibu kota, capital
kawasan, space; area
kenderaan, transport
manusia, people; human being
masa, time
menara, tower; minaret
pekan, town
permukaan, surface; level
pusat, centre; hub
rantau, region
senibina, architecture

ADJECTIVES

enak, delicious
gembira, happy
indah, splendid; magnificient
istimewa, special; remarkable
makmur, prosperous
sibuk, busy
teragung, great

MISCELLANEOUS

mungkin, possibly
semestinya, necessarily
sentiasa, always
di antara, among; between
dengan, with
sedikit, a few; a little
dipenuhi, to crowd; to be congested
dibanjiri, to flood

READING PASSAGE FOR COMPREHENSION

Read the following passage and pick out all the adjectives used in the superlative degree, and then count them:

Ibu kota Malaysia

Kuala Lumpur ialah ibu kota Malaysia, dan juga bandaraya yang terbesar di Malaysia. Bandaraya ini jauh lebih besar dari Pulau Pinang atau Johor Baharu.

Sekarang di Kuala Lumpur kita boleh melihat banyak bangunan yang tinggi-tinggi. Bangunan yang paling tinggi sekarang ialah Bangunan U.M.B.C. Dalam sedikit masa lagi mungkin ada bangunan yang lebih tinggi daripada bangunan ini. Di antara bangunan-bangunan yang terbaharu ialah Bangunan Bank Bumiputra di Jalan Melaka.

Jalan-jalan raya di bandaraya Kuala Lumpur sentiasa dipenuhi manusia dan kenderaan. Jalan raya yang paling sibuk ialah Jalan Tuanku Abdul Rahman. Jalan ini juga ialah yang terpanjang di bandaraya ini.

Bangunan yang tertua dan istimewa senibinanya ialah Bangunan Sultan Abdul Samad. Ini ialah bangunan kerajaan dan di menara bangunan ini terletak sebuah jam besar dengan empat permukaannya.

Bangunan Parlimen ialah juga sebuah bangunan terindah di ibukota. Ia terletak di suatu kawasan lapang yang cantik di Taman Bunga.

How many did you pick out? If your answer is seven you are correct.

Exercise

Translate the following sentences into bahasa Malaysia. After you have written out all the sentences check with the correct translations below:

1. Ipoh is the largest town in Perak.
2. What is the name of the highest mountain in Asia?
3. Perlis is the smallest state in Malaysia.
4. Ahmad is the youngest pupil in our class.
5. That new building is the tallest building in this city.
6. Our grandfather is the oldest person in our house.
7. The lion is the strongest animal in the jungle.
8. Fatimah is the happiest girl in our school today.
9. The most hard-working boy got a prize.
10. That country is the most prosperous in this region.
11. Ahmad is the most hard-working boy in our class.

12. Milk is the best food for children.
13. Mt. Everest is the highest mountain in the world.
14. Samy got the lowest mark.
15. What is the name of the longest river in Malaysia?
16. Jakarta is the largest city in Indonesia.
17. That flower is the most beautiful in the garden.
18. Who is the richest man in this city?
19. That knife is the sharpest.
20. This is the cheapest fish in the market today.

Now check your sentences with the correct translations below:

1. *Ipoh ialah pekan yang besar sekali di (negeri) Perak.*
2. *Apakah nama gunung yang tinggi sekali di Asia?*
3. *Perlis ialah negeri yang kecil sekali di Malaysia.*
4. *Ahmad ialah murid yang paling muda dalam kelas kami.*
5. *Bangunan baharu itu ialah bangunan yang tinggi sekali dalam bandar ini.*
6. *Datuk kami ialah orang yang tua sekali dalam rumah kami.*
7. *Singa ialah binatang yang paling kuat di dalam hutan.*
8. *Fatimah ialah budak perempuan yang paling gembira di sekolah kami hari ini.*
9. *Budak yang paling rajin mendapat hadiah.*
10. *Negeri itu ialah yang paling makmur di rantau ini.*
11. *Ahmad ialah budak yang rajin sekali dalam kelas kami.*
12. *Susu ialah makanan yang baik sekali untuk kanak-kanak.*
13. *Gunung Everest ialah gunung yang tinggi sekali dalam dunia.*
14. *Samy dapat markah yang rendah sekali.*
15. *Apakah nama sungai yang panjang sekali di Malaysia?*
16. *Jakarta ialah bandar yang terbesar di Indonesia.*
17. *Bunga itulah yang cantik sekali dalam taman ini.*
18. *Siapakah orang yang kaya sekali dalam bandar ini?*
19. *Pisau itulah yang paling tajam.*
20. *Ikan inilah yang murah sekali di pasar hari ini.*

LESSON 15

PRONOUNS — Interrogative Pronouns; Relative Pronouns

INTERROGATIVE PRONOUNS

Apa?	—	What?
Yang mana?	—	Which?
Siapa?	—	Who?
Siapa punya?	—	Whose?
Mana? Di mana?	—	Where

Examples in sentences:

(a)	*Apa itu ('tu)* or *Itu apa?*	What is that?
(b)	*Siapa orang itu?* or *Orang itu siapa?*	Who is that man?
(c)	*Siapa punya ini ('ni)?* or *Ini siapa punya?*	Whose is this?
(d)	*Yang mana pen awak?* or *Pen awak yang mana?*	Which is your pen?
(e)	*Di mana pejabat pos?*	Where is the post office?
(f)	*Siapa nama awak?*	What is your name?

Note: Only in this case the word what is rendered by *siapa*. It is bad Malay to say, *Apa nama awak?*

RELATIVE PRONOUNS

Who
Which
That — *Yang*
What

Examples in sentences:

(a) *Orang-orang yang malas tidak ada wang.*
People who are lazy have no money.

(b) *Itulah gambar yang saya hendak beli.*
That is the picture which I want to buy.

(c) *Itulah kerani yang ada rumah baharu.*
That is the clerk that has a new house.

(d) *Inilah yang saya ada.*
This is what I have.

Words To Remember

NOUNS

angsa, goose
bantuan, assistance
bilik mandi, bathroom
camca, spoon
dulang, tray
garpu, fork
kapak, axe
periuk, cooking-pot

ADJECTIVES

banyak, a lot of
malas, lazy
merah, red
rajin, hard-working

MISCELLANEOUS

kalau, if
pun, also
dapat, to get

CONVERSATION

Asmah: *Ini payung awak, Rani?*
Rani: *Bukan. Itu bukan payung saya.*

Asmah: *Yang mana payung awak?*
Rani: *Payung saya yang merah, tu.*(1)

Asmah: *Cantik, payung awak!*
Rani: *Payung awak lagi cantik, Asmah.*
Payung awak baru; payung saya dah buruk.(2)

Asmah: *Itu tak kira.*(3) *Payung baru berguna, payung buruk pun berguna. Kalau ada payung kita tak kena*(4) *hujan.*
Rani: *Yalah. Kalau hujan,*(5) *kita tak basah.*

Note:

(1) The word *tu* is abbreviated from *itu*.
(2) The word *dah* is abbreviated from *sudah* (already).
(3) The phrase *tak kira* literally means 'not calculated', in this case it means 'immaterial'.
(4) The phrase *tak kena* literally means 'not touched'; in this case it means 'not affected'.
(5) The word 'it' in the English phrase 'If it rains' is not translated. Therefore we just say *'Kalau hujan'*.

Exercise

Fill in the blanks in the following sentences with the correct Interrogative or Relative pronouns, and then check your attempts with the answers given below this exercise:

1. .... *nama guru awak?*
2. *Bangunan* .... *tinggi itu bangunan Bank Negara.*
3. .... *ada di bawah pokok itu?*

4. *Kanak-kanak .... miskin dapat bantuan.*
5. *Kamus di atas almari itu .... ?*
6. *Di dalam laci ini ada surat; .... surat awak?*
7. *Buah yang besar itu buah .... ?*
8. *Peladang .... rajin dapat banyak wang.*
9. *............. ada di bawah meja itu?*
10. *................ rumah baharu itu?*

The correct words are:

1. *siapa*
2. *yang*
3. *apa*
4. *yang*
5. *siapa punya*
6. *yang mana*
7. *apa*
8. *yang*
9. *apa*
10. *siapa punya*

Translate the following sentences into bahasa Malaysia. After you have written out all the sentences check with the correct translations below this exercise:

1. Who is that woman?
2. Which is your basket?
3. Whose goose is this?
4. That is my spoon.
5. That is the bicycle which has no bell.
6. What is your father's name?
7. Whose house is that?
8. Which is our car?
9. This is the bathroom which is clean.
10. Who has no dictionary?

Check your sentences with the correct translations below:

1. *Siapa perempuan itu?*
2. *Yang mana bakul awak?*
3. *Angsa siapa ini?*
4. *Itu camca saya.*
5. *Itulah basikal yang tidak ada loceng.*
6. *Siapa nama bapa awak?*

7. *Rumah siapa itu?*
8. *Yang mana motokar kita?*
9. *Inilah bilik mandi yang bersih.*
10. *Siapa tidak ada kamus?*

LESSON 16

VERBS — Class I Verbs: *pergi, naik*, etc.

YOU now have come to the study of verbs, a most important part of speech, and therefore you should devote much more time to it. It is said that a verb is the master word, the king of words. It is the word that governs, dominates, and breathes life into a sentence.

You cannot speak bahasa Malaysia correctly without being able to use verbs in their correct forms.

Many bahasa Malaysia verbs can be used in their root forms. In many cases they need prefixes or suffixes before they can be used in sentences, and in a few other cases they have to take both prefixes and suffixes.

You will be fascinated to learn that just by affixing the verb with a prefix or suffix you can change the shade of meaning of bahasa Malaysia verbs.

We shall begin using the form of verbs which do not require prefixes or suffixes. We call these the Class I Verbs. (A list of Class I Verbs is given in Appendix A, on page 263).

Study the following sentences:

(a)	*Saya makan nasi.*	I eat rice.
(b)	*Kakak saya tinggal di Petaling Jaya.*	My sister lives in Petaling Jaya.
(c)	*Dia pergi ke pejabat tiap-tiap hari.*	She goes to office everyday.
(d)	*Kadang-kadang kami mandi di dalam sungai itu.*	Sometimes we bathe in that river.
(e)	*Anak kucing itu tidur di atas lantai.*	The kitten sleeps on the floor.
(f)	*Bapa saya balik ke rumah pada pukul lima.*	My father returns home at five o'clock.
(g)	*Awak fikir dia tahukah (bahawa) saya seorang pelajar bahasa Melayu?*	Do you think he knows that I am a Malay language student?
(h)	*Bas yang pertama sampai di pekan kami pada pukul tujuh pagi.*	The first bus arrives in our town at seven o'clock in the morning.
(i)	*Orang-orang Malaysia minum teh pagi dan petang.*	Malaysian peoples drink tea in the mornings and in the afternoons.
(j)	*Ular besar itu keluar dari dalam lubang.*	The big snake comes out from (inside) a hole.
(k)	*Dia duduk di atas kerusi, kami duduk di atas bangku panjang.*	He sits on a chair, we sit on a long bench.
(l)	*Banyak buah durian dan rambutan datang dari kampung kami.*	A lot of durians and rambutan comes from our village.

Words To Remember

NOUNS

anak kucing, kitten
bas, bus
batu, mile
kampung, village
keretapi, train
lantai, floor
laut, sea
nasi, cooked rice
orang, person; people
pagi, morning; a.m.
petang, evening; p.m.
pejabat, office
teh, tea
waktu pagi, morning time; morning
waktu petang, evening time; in the evening

VERBS

balik, to return
datang, to come
duduk, to sit
fikir, to think
keluar, to go out
makan, to eat
mandi, to bathe
masuk, to enter
minum, to drink
pergi, to go
sampai, to arrive; to reach
tahu, to know
tidur, to sleep
tinggal, to live; to remain; to stay

MISCELLANEOUS

banyak, many; a lot of
kelmarin, yesterday
ke, to (a place)
ke mana, (to) where
di mana, (at) where
dari, from (a place)
semua, all
tiap-tiap hari, everyday
dengan, by; with
pada, at (time)
lepas, after
pada pukul berapa, at what time

nya, his, her, its (placed after nouns)

CONVERSATION

Awak pergi ke mana semalam, Encik Yusof?
Semalam saya pergi ke rumah abang saya.

Di mana rumah abang awak?
Rumah abang saya di Port Dickson.

Rumah abang awak di dalam pekan Port Dicksonkah?
Tidak, rumah abang saya lima batu dari pekan Port Dickson.

Awak keluar dari rumah pukul berapa?
Saya keluar dari rumah pukul lapan pagi.

Awak pergi dengan siapa?
Saya pergi dengan isteri dan anak-anak saya.

Awak pergi dengan apa?
Kami pergi dengan motokar.

Awak makan nasi di rumah abang awak?
Ya, kami makan nasi dan minum teh di rumah abang saya.

Abang awak tinggal dengan siapa?
Abang saya tinggal dengan isterinya dan empat orang anaknya.

Lepas makan nasi awak mandikah di laut Port Dickson?
Ya, lepas makan nasi kami semua mandi di laut Port Dickson

Di dalam laut di Port Dickson ada banyakkah ikan?
Saya fikir di dalam laut di Port Dickson ada banyak ikan.

Awak tidurkah di rumah abang awak?
Tidak, kami tidak tidur di rumah abang saya.

Pukul berapa awak balik ke Kuala Lumpur?
Kami balik ke Kuala Lumpur pukul lima petang.

Awak sampai di Kuala Lumpur pukul berapa?
Kami sampai di Kuala Lumpur pukul tujuh petang.

Exercise

Combine the words in the three columns below to form as many sentences as you can. Just be sure to use words from each of the three columns in every sentence you form.

1	2	3
Saya	*balik*	*(pada) pukul lapan.*
Abang dia	*datang*	*dari Pulau Pinang.*
Bapa awak	*makan*	*di sebuah hotel.*
Pelandang itu	*mandi*	*dengan motokar ke pejabat.*
Guru kami	*pergi*	*dengan seorang kawan.*
	tidur	
	tinggal	
	minum	
	keluar	

Translate the following sentences into bahasa Malaysia. After you have written out all the sentences check with the correct translations below this exercise:

1. Drink this medicine now.
2. The kitten eats fish.
3. My father returned yesterday.
4. He comes to school at eight o'clock.
5. The girls sit under a big tree.
6. I think he is a clerk.
7. We eat rice every day.
8. Sometimes the children bathe in the river.
9. We drink coffee in the morning, and tea in the evening.
10. She goes to office in the morning, and returns home in the evening.
11. The train arrives in Kuala Lumpur at seven o'clock.
12. I know he is a rich man.

13. Our cat sleeps under the chair.
14. Their teacher lives in Petaling Jaya.
15. Sometimes we go out to town.

Now check your sentences with the correct translations below:

1. *Minum ubat ini sekarang.*
2. *Anak kucing itu makan ikan.*
3. *Bapa saya balik kelmarin.*
4. *Dia datang ke sekolah pada pukul lapan.*
5. *Budak-budak perempuan itu duduk di bawah pokok besar.*
6. *Saya fikir dia kerani.*
7. *Kami makan nasi tiap-tiap hari.*
8. *Kadang-kadang kanak-kanak itu mandi di dalam sungai itu.*
9. *Kami minum kopi waktu pagi, dan teh waktu petang.*
10. *Dia pergi ke pejabat waktu pagi, dan balik ke rumah waktu petang.*
11. *Keretapi itu sampai di Kuala Lumpur (pada) pukul tujuh.*
12. *Saya tahu dia orang kaya.*
13. *Kucing kami tidur di bawah kerusi.*
14. *Guru mereka tinggal di Petaling Jaya.*
15. *Kadang-kadang kami keluar ke pekan.*

LESSON 17

VERBS — Tenses of Verbs (1)

YOU might have noticed in the previous lesson that the same form of verb is used for both present and past tenses. Malay tenses are understood from the context. The same form of very can be used for the present tense, the future tense, the past tense, and even the continuous tense. When the sentence is ambiguous then we add the appropriate words or phrases denoting time.

The sentence *Saya makan nasi* could mean either,

	I eat rice.	(Simple Present Tense)
or,	I ate rice.	(Simple Past Tense)
or,	I am eating rice.	(Present Continuous Tense)

Observe the following sentences:

(a) *Pelajaran bahasa Malaysia <u>mula</u> pada pukul 9.00 pagi tiap-tiap hari.*

(b) *Dia <u>mula</u> belajar bahasa Malaysia semalam.*

The same form of verb *mula* is used for sentences 1 and 2, but in sentence 1 it is in the present tense; and in sentence 2 it is in the past tense because the word *semalam* (yesterday) is a word indicating the time.

Now observe the following sentences:
(a) *Saya pergi ke pejabat tiap-tiap hari.*
(b) *Saya pergi ke Ipoh esok.*

The verb *pergi* is in the present tense in sentence 1, and in the future tense in sentence 2, because the word *esok* (tomorrow) indicates its tense.

If a sentence in the future is ambiguous in its futurity, then the word *akan* is used. This is equivalent to the English words 'shall' or 'will'.

Examples:

(a)	*Kita akan dapat cuti lima hari.*	We shall get five days' leave.
(b)	*Dia akan jadi seorang kerani.*	He will become a clerk.
(c)	*Lembu itu akan mati kalau tidak makan ubat.*	The cow will die if it does not take medicine.

Words To Remember

NOUNS

awan, cloud
bahasa Melayu, Malay language
orang Melayu, Malay people
pokok, tree; plant
sayur, vegetable
hutan, jungle; forest
kebun, garden
hujan, rain
cuti, holidays; leave
daging, meat; flesh

ADJECTIVES

susah, difficult

tidak berapa susah, not so difficult

VERBS

belajar, to learn

boleh, can

dapat, to get

hidup, to be alive; to live

jadi, to become; to form to happen

mati, to die; to stop (of engines, clocks, etc.)

mula, to begin

tumbuh, to grow

turun, to fall (of rain); to go down; to come down

ADVERBS

esok, tomorrow

bila, when

kalau, if

hari ini, today

juga, also

dua hari sudah, two days ago

tiga bulan sudah, three months ago

tiap-tiap hari, everyday

tiap-tiap orang, everybody; everyone

PREPOSITIONS

dari, from (time) and place

hingga, till; until

daripada, from (persons)

ke, to (place)

kepada, to (persons or animate objects)

CONVERSATION

Awak belajar bahasa Malaysia, Encik Tan?
Ya, saya belajar bahasa Malaysia.

Bila awak mula belajar bahasa Malaysia?
Saya mula belajar bahasa Malaysia tiga bulan sudah.

Di mana awak belajar bahasa Malaysia?
Saya belajar bahasa Malaysia di pejabat saya.

Dengan siapa awak belajar?
Saya belajar dengan kawan-kawan saya.

Awak belajar dari pukul berapa hingga pukul berapa?
Saya belajar dari pukul 5.00 hingga pukul 6.00 petang.

Siapa nama guru awak?
Nama guru saya Encik Muhammad Amin.

Awak fikir bahasa Malaysia senang atau susah?
Saya fikir bahasa Malaysia tidak berapa susah.

Encik Tan, awak makan apa tiap-tiap hari?
Saya makan nasi tiap-tiap hari.

Awak makan nasi dengan apa?
Saya makan nasi dengan daging, ikan dan sayur.

Ikan hidup di mana?
Ikan hidup di dalam sungai atau di dalam laut.

Bolehkah ikan laut hidup di dalam sungai?
Tak boleh; ikan laut tak boleh hidup di dalam sungai.

Bolehkah ikan sungai hidup di dalam laut?
Tak boleh juga; ikan sungai tak boleh hidup di dalam laut.

Bolehkah ikan hidup kalau tidak ada air?
Tak boleh; ikan tak boleh hidup kalau tidak ada air.

Apa akan jadi?
Ikan itu akan mati.

Sayur-sayur tumbuh di mana?
Sayur-sayur tumbuh di dalam kebun sayur.

Apa akan jadi kepada pokok-pokok dan sayur-sayur kalau hujan tidak turun?
Pokok-pokok dan sayur-sayur itu akan mati.

Exercise

Combine the words in the two columns below to form as many sentences as you can. Just be sure to use words from each of the two columns in every sentence you form.

1	2
Saya makan durian *Anjing itu mati* *Pokok itu hidup* *Dia dapat wang* *Abang saya tinggal di Petaling Jaya* *Guru kami balik dari Singapura* *Pelawat-pelawat itu sampai di sini*	*esok.* *semalam.* *lima hari dahulu.* *tiga bulan dahulu.* *dua tahun dahulu.*

Translate the following sentences into bahasa Malaysia. After you have written out all the sentences check with the correct translations below this exercise:

1. We are learning bahasa Malaysia now.
2. Fish live in water.
3. Azizah gets twenty cents every day.
4. The flower plant will die if there is no water.
5. When do you begin learning bahasa Malaysia?
6. If you come now you can eat with us.
7. Malays eat a lot of rice.
8. We get water from rain.
9. This country is not so hot.
10. He slept from three to four o'clock.
11. Malaysian people do not eat a lot of meat.
12. The elephant died in the jungle four days ago.
13. The clouds are beautiful.
14. If you go today you can return tomorrow.
15. We cannot bathe here, I think.

Now check your sentences with the correct translations below:

1. *Kami belajar bahasa Malaysia sekarang.*
2. *Ikan hidup di dalam air.*
3. *Azizah dapat dua puluh sen tiap-tiap hari.*
4. *Pokok bunga itu akan mati kalau tidak ada air.*
5. *Bila awak mula belajar bahasa Melayu?*
6. *Kalau awak datang sekarang awak boleh makan dengan kami.*
7. *Orang-orang Melayu banyak makan nasi.*
8. *Kita dapat air dari hujan.*
9. *Negeri ini tidak berapa panas.*
10. *Dia tidur dari pukul tiga hingga pukul empat.*
11. *Orang-orang Malaysia tidak banyak makan daging.*
12. *Gajah itu mati di dalam hutan empat hari dahulu.*
13. *Awan itu cantik.*
14. *Kalau awak pergi hari ini awak boleh balik esok.*
15. *Kita tidak boleh mandi di sini, saya fikir.*

LESSON 18

VERBS — Class II Verbs: *me* ..(1)

THE second kind of Verbs are those which take the prefix *me*. In most cases, these Verbs are transitive, that is, they take an object, though in some cases the object is not mentioned. We shall call these the Class II Verbs.

Examples:

(a) *Kami <u>menonton</u> wayang gambar.*
We are watching a film-show.

(b) *Asmah <u>menyanyi</u> lagu 'Seri Mersing'.*
Asmah sings the song of 'Seri Mersing'.

(c) *Bapanya <u>menggali</u> lubang kerana hendak menanam pokok pisang.*
His father is digging a hole as he wants to plant a banana tree.

(d) *Tiap-tiap pagi dia <u>menghantar</u> anaknya ke sekolah.*
Every morning he sends his son (daughter) to school.

(e) *Cikgu Ali <u>mengajar</u> bahasa Malaysia.*
Cikgu Ali teaches bahasa Malaysia.

(f) *Budak-budak itu membasuh pakaian.*
Those children are washing clothes.

(g) *Salmah menyapu sampah di dalam rumah.*
Salmah is sweeping rubbish inside the house.

(h) *Hashim menulis surat kepada abangnya.*
Hashim is writing a letter to his (elder) brother.

(i) *Anjing itu menyalak tidak berhenti-henti.*
The dog is barking unceasingly.

(j) *Anak kucing itu melompat.*
The kitten is jumping.

You will note that in each of the Sentences (a) — (h) above there is an object; therefore they are Transitive. Sentences (i) and (j) are Intransitive.

The prefix *me* has to change its form depending on the initial letter of the word to be prefixed, but it remains unchanged if the word begins with l, m, n, ng, ny, r, w, or y.

Examples:

lawat	becomes	*melawat* (to visit)
maki	becomes	*memaki* (to abuse)
nilai	becomes	*menilai* (to assess)
nganga	becomes	*menganga* (to open the mouth)
nyanyi	becomes	*menyanyi* (to sing)
rasa	becomes	*merasa* (to taste)
wakil	becomes	*mewakil (i)* (to represent)
yakin	becomes	*meyakin(kan)* (to convince)

When the word begins with g, h, k, q, a, e, i, o, u, *meng* is used. In the case of k this initial letter is dropped.

Examples:

gali	becomes	*menggali* (to dig)
hantar	becomes	*menghantar* (to send)
kejar	becomes	*mengejar* (to chase)

qasar	becomes	*mengqasar* (to shorten prayer)
ajar	becomes	*mengajar* (to teach)
eja	becomes	*mengeja* (to spell)
ikat	becomes	*mengikat* (to tie)
orak	becomes	*mengorak* (to untie a knot)
ukur	becomes	*mengukur* (to measure)

When the word begins with b, v, p, or f *mem* is used; and in the case of p or f, the initial leter is dropped.

Examples:

basuh	becomes	*membasuh* (to wash)
veto	becomes	*memveto* (to veto)
pakai	becomes	*memakai* (to wear; to use)
fikir	becomes	*memikir(kan)* (to think)

When the word begins with c, j, d, t, or z *men* is used; and in the case of t the initial letter is dropped.

Examples:

cari	becomes	*mencari* (to find)
jawab	becomes	*menjawab* (to answer)
dengar	becomes	*mendengar* (to hear; to listen)
tarik	becomes	*menarik* (to pull)
ziarah	becomes	*menziarah* (to visit a holy place; to visit as a courtesy)

When the word begins with s, *me* is modified to *meny*; and the initial letter s drops out.

Examples:

sapu	becomes	*menyapu* (to sweep)
simpan	becomes	*menyimpan* (to keep)

For all monosyllabic words, with the exception of a few, *menge* is used.

Examples:

pam	becomes	*mengepam* (to pump)
pos	becomes	*mengepos* (to post letters)
cam	becomes	*mengecam* (to recognise)
cap	becomes	*mengecap* (to print)
cat	becomes	*mengecat* (to paint)
lap	becomes	*mengelap* (to wipe)
sah	becomes	*mengesah(kan)* (to certify; to confirm)
bom	becomes	*mengebom* (to bomb)
tut	becomes	*mengetut* (to budgraft)

The few exceptions are:

had	becomes	*menghad(kan)* (to limit)
hal	becomes	*menghal(kan)* (to relate)

Words To Remember

melukis (lukis)	—	to draw
melihat (lihat)	—	to see; to watch
melompat (lompat)	—	to jump
melawat (lawat)	—	to visit
melatih (latih)	—	to train
menilai (nilai)	—	to assess
menganga (nganga)	—	to open the mouth
menyanyi (nyanyi)	—	to sing
mengejar (kejar)	—	to chase
merasa (rasa)	—	to taste
menggali (gali)	—	to dig
menggigit (gigit)	—	to bite
menghantar (hantar)	—	to send
menghisap (hisap)	—	to suck; to smoke
mengajar (ajar)	—	to reach

mengumpul (kumpul)	—	to collect
mengirim (kirim)	—	to send
mengambil (ambil)	—	to take
meraba (raba)	—	to grope
mengikut (ikut)	—	to follow
mengikat (ikat)	—	to tie
mengukur (ukur)	—	to measure
membeli (beli)	—	to buy
membuat (buat)	—	to make
membuka (buka)	—	to open
membaca (baca)	—	to read
membasuh (basuh)	—	to wash
membawa (bawa)	—	to bring
memukul (pukul)	—	to strike; to hit
memakai (pakai)	—	to wear; to use
memotong (potong)	—	to cut
memegang (pegang)	—	to hold
memasang (pasang)	—	to fix; to install; to switch on
memilih (pilih)	—	to choose
memeriksa (periksa)	—	to examine
mencari (cari)	—	to steal
mencukur (cukur)	—	to cut hair; to shave
menjawab (jawab)	—	to answer
menjemput (jemput)	—	to invite
menjahit (jahit)	—	to stitch
mendengar (dengar)	—	to hear; to listen
menutup (tutup)	—	to close
menolong (tolong)	—	to help; to assist
menulis (tulis)	—	to write
menangkap (tangkap)	—	to catch
menolak (tolak)	—	to push
menengok (tengok)	—	to see
menerima (terima)	—	to receive
menarik (tarik)	—	to pull
menembak (tembak)	—	to shoot
menangis (tangis)	—	to type

menyepak (sepak)	—	to kick
menyusun (susun)	—	to arrange
menyapu (sapu)	—	to sweep
menyoal (soal)	—	to question
menyimpan (simpan)	—	to keep
menyewa (sewa)	—	to rent; to hire
menyelam (selam)	—	to dive

(There are 60 words in this list. As they are everyday used words, you should try to learn them up.)

Exercise

Translate the following sentences into bahasa Malaysia. After you have written out all the sentences check with the correct translations below this exercise:

1. Asmah measures the room with a ruler.
2. The new teacher teaches us three times a week.
3. His father smokes ten cigarettes a day.
4. My wife is stitching a new shirt for me.
5. Rich people keep their money in the bank.
6. We read newspapers in the morning.
7. His sister is washing clothes in the bathroom.
8. She cuts the cake with a knife.
9. My brother is renting a small house near the school.
10. The farmer shot the tiger with a gun.

Now check your sentences with the correct translations below:

1. *Asmah mengukur bilik itu dengan pembaris.*
2. *Guru baru itu mengajar kami tiga kali seminggu.*
3. *Bapanya menghisap sepuluh batang rokok sehari.*
4. *Isteri saya menjahit kemeja baru untuk saya.*
5. *Orang-orang kaya menyimpan wang mereka di dalam bank.*
6. *Kami membaca suratkhabar pada waktu pagi.*
7. *Kakaknya membasuh pakaian di dalam bilik mandi.*
8. *Dia memotong kek dengan pisau.*
9. *Abang saya menyewa rumah kecil dekat sekolah.*
10. *Peladang itu menembak harimau itu dengan senapang.*

LESSON 19

VERBS — Class II Verbs: *me* ....(2)

CLASS II Verbs can also be formed from certain Nouns by adding the prefix *me*.

Examples:

Nouns	***Verbs***
api (fire)	*mengapi* (to incite)
jala (a casting-net)	*menjala* (to cast net)
kasut (shoes)	*mengasut* (to strike with shoes)
kipas (a fan)	*mengipas* (to fan)
parang (a chopper)	*memarang* (to chop or slash)
pedang (a sword)	*memedang* (to slash or to cut)
atap (roof)	*mengatap* (to put up roof)
rotan (a cane)	*merotan* (to cane)
ketam (a plane)	*mengetam* (to plane)
angin (wind)	*mengangin* (to expose to wind)
paku (a nail)	*memaku* (to nail)
gergaji (a saw)	*menggergaji* (to saw)
jerat (a snare)	*menjerat* (to snare)
tenggala (a plough)	*menenggala* (to plough)

berus (a brush)	*memberus* (to brush)
dayung (an oar)	*mendayung* (to row)
galah (a pole)	*menggalah* (to pole)
senduk (a ladle)	*menyenduk* (to ladle)
kapak (an axe)	*mengapak* (to hack)
rokok (a cigarette)	*merokok* (to smoke a cigarette)

You will observe that most of the Nouns in the above examples are 'tools' or 'implements' of some sort.

Study the following sentences:

(a) *Nelayan itu menjala ikan pada waktu malam.*
The fisherman catches fish (with a casting-net) at night-time.

(b) *Perempuan itu mengipas mukanya tidak berhenti-henti.*
The lady is fanning her face unceasingly.

(c) *Hulubalang itu memedang musuhnya dari atas kudanya.*
The warrior slashed his enemy from his horseback.

(d) *Dia menggergaji keping-keping papan untuk membuat meja.*
He saws pieces of planks to make tables.

(e) *Kilang tersebut mengetin kira-kira 50,000 tin nenas tiap-tiap hari.*
The said factory cans about 50,000 tins of pineapples daily.

(f) *Ahmad menjerat burung dekat ladang itu.*
Ahmad snared birds near the farm.

(g) *Pak Mat merokok selepas makan.*
Pak Mat smokes a cigarette after a meal.

(h) *Perempuan itu mengasut pemuda yang cuba meragut beg tangannya.*
The woman struck the youth who tried to snatch her handbag with her shoe.

Words To Remember

NOUNS

atap, roof
baja, fertilizers
batang, log
beg tangan, handbag
gigi, tooth
hulubalang, warrior
kapak, axe
kilang, factory
ladang, farm
minggu, week
muka, face
musuh, enemy
papan, plank
pedang, sword
pemuda, youth
penjual daging, butcher
perahu, boat
rumput, grass
tukang kebun, gardener
tulang, bone

VERBS

berhenti, to stop
untuk, for
cuba, to try

MISCELLANEOUS

membuat, to make
tersebut, said
selepas, after
meragut, to snatch
sambil, while
tajam, sharp

Exercise

Combine the words in the three columns below to form eight correct sentences.

1	2	3
1. *Puan Aminah*	*mengipas*	*perahu itu ke tepi sawahnya.*
2. *Tukang rumah itu sedang*	*merotan*	
3. *Dengan dayung di tangan mereka*	*merokok*	*api satenya.*
4. *Kita mesti*	*mendayung*	*gigi dua kali sehari.*
5. *Penjual sate sedang*	*memberus*	*10 batang sehari.*
6. *Kim Lan*	*memaku*	*anaknya kerana bermain dalam hujan.*
7. *Bapa dia*	*menenggala*	*nasi dari dalam periuk.*
8. *Peladang itu belum*	*menyenduk*	*dinding rumah itu.*

Translate the following sentences into bahasa Malaysia. After you have written out all the sentences check with the correct translations below this exercise:

1. His father is putting up roofs to his house.
2. He poles the boat with one hand.
3. The lady teacher is fanning her face with a book.
4. The gardener cuts the flowers with a small knife.
5. The two boys are sawing a big log.
6. The old man smokes a cigarette while talking.
7. The butcher hacks the bones with a sharp axe.
8. That factory manufactures and cans fertilisers.
9. The carpenters plane the planks to make chairs.
10. Ali is brushing his teeth.

Now check your sentences with the correct translations below:

1. *Bapanya sedang mengatap rumahnya.*
2. *Dia menggalah perahu dengan sebelah tangan.*
3. *Guru perempuan mengipas mukanya dengan buku.*
4. *Tukang kebun memotong bunga dengan pisau kecil.*
5. *Budak dua orang itu sedang menggergaji batang besar.*
6. *Orang tua itu merokok (menghisap rokok) sambil bercakap.*
7. *Penjual daging itu mengapak tulang dengan kapak tajam.*
8. *Kilang itu membuat dan mengetin baja.*
9. *Tukang-tukang kayu mengetam papan untuk membuat kerusi.*
10. *Ali sedang memberus giginya.*

LESSON 20

VERBS — Class III Verbs: *ber .....*

IN the previous lesson you have learnt to use a kind of verbs which takes the prefix *me*. Now you will be introduced to verbs which take the prefix *ber*. We shall call this the Class III Verbs. Verbs which take prefix *ber* can be classified into two categories, each with a different purpose.

In the first category are verbs which indicate an action performed by the doer to himself, that is to say no other person or party is involved in the act. These are Reflexive Verbs.

The second category verbs indicate an action performed by two or more persons or parties. Many of these show retaliative actions. These are Reciprocal Verbs.

Examples of 1st Category Verbs

bersenam, to do physical exercises
berhias, to beautify oneself
bersikat, to comb one's hair
berhenti, to stop
belajar, to learn
berdiri, to stand
bekerja, to work

bermain, to play
berenang, to swim
berjalan, to walk
bertolak, to leave; to depart
bersedia, to get ready
berpuasa, to fast
bertukar, to be transferred
berlari, to run
belayar, to sail

Examples of 2nd Category Verbs
berjabat (tangan), to shake hands
berpisah, to leave one another
bercium, to kiss one another
berpeluk, to hug each other
bertempur, to clash with each other
bekerjasama, to co-operate
bertumbuk, to fight or punch each other
berjumpa, to meet each other
bermain, to play with others
berjudi, to gamble
berkawan, to make friends with others
berkumpul, to assemble with others
berpecah, to be separated from others
bertikam, to stab each other
berjanji, to make a promise with others
berkahwin, to marry one another
bercerai, to be divorced; to be separated from

Note: In some words the 'r' in *ber* is dropped. This is done for the sake of euphony, e.g. *belajar, bekerja, belayar, berenang.*

Examples in sentences of 1st Category Verbs
(a) *Murid-murid sekolah itu* <u>*bersenam*</u> *lat sehari.*
The pupils of that school do physical exercises every other day.

(b) *Perempuan muda itu sedang berhias di dalam biliknya.*
The young lady is making herself up in her room.

(c) *Biasanya dia bersikat tiga kali sehari.*
Usually he combs (his hair) three times a day.

(d) *Bas itu berhenti di hadapan rumah kawan saya.*
The bus stops in front of my friend's house.

(e) *Budak itu berdiri di bawah pokok mangga.*
The boy (or girl) is standing under a mango tree.

(f) *Amin bermain di rumah; bapanya bekerja di pejabat.*
Amin plays at home; his father works in the office.

(g) *Lima ekor itik berenang di dalam kolam.*
Five ducks are swimming in a pond.

(h) *Keretapi ke utara bertolak pada pukul 8.50 pagi.*
The north-bound train leaves at 8.50 a.m.

(i) *Orang Islam berpuasa dalam bulan Ramadan.*
Muslims fast in the month of Ramadan.

(j) *Ahmad berlari ke kedai.*
Ahmad runs to the shop.

(k) *Dalam tahun ini tiga buah kapal akan belayar ke Mekah.*
Three ships will sail to Mecca this year.

(l) *Bapa saudara Ahmad telah bertukar ke Ipoh bulan sudah.*
Ahmad's uncle was transferred to Ipoh last month.

Examples in sentences of 2nd Category Verbs:

(a) *Ahmad berjabat tangan dengan Ali.*
Ahmad is shaking hands with Ali.

(b) *Laila berpeluk dan bercium dengan Majnun.*
Laila and Majnun are hugging and kissing each other.

(c) *Penjahat-penjahat itu bertempur dengan polis.*
The bandits clashed with the police.

(d) *Orang ramai mesti bekerjasama dengan kerajaan.*
The public must co-operate with the government.

(e) *Apabila dua orang budak itu berjumpa mereka bertumbuk.*
Whenever the two boys meet they fight.

(f) *Sambil bermain mereka bercakap.*
While playing they talk.

(g) *Kami tidak suka berkawan dengan dia; dia suka berjudi.*
We don't like to make friends with him; he likes to gamble.

(h) *Hari ini kita berkumpul, esok kita bercerai.*
Today we gather together, tomorrow we depart.

(i) *Mereka hendak berkahwin minggu hadapan.*
They are getting married next week.

(j) *Dia telah berjanji hendak pergi bersama-sama.*
He promised to go together.

(k) *Perompak-perompak itu telah bertikam malam semalam.*
The robbers were stabbing one another last night.

(l) *Setelah berbual kira-kira setengah jam lamanya mereka pun berpisah.*
After chit-chatting for about half-an-hour they went their way.

Words To Remember

NOUNS

bapa saudara, uncle
Islam, Muslim
kali, time
kedai, shop
kerajaan, government
kilang, factory
kolam, pond; pool
mangga, mango
masa, time (period)
orang ramai, public
Pembangunan Luar Bandar Rural Development
penjahat, bandit
perompak, robber
ramai, many (of people)
tempat, place
tahun, year

VERBS

kena, has to; have to
buat, to do,
ingin, eager to
mesti, must
suka, to like

MISCELLANEOUS

apabila, when; whenever
biasanya, usually
bagaimana, how
benar, truly; sincerely
lagi, still
kira-kira, about
bagus, fine
lat sehari, every other day
lat seminggu, every other week
belum, not yet
dengannya, with him
sambil, while
oh, oh

CONVERSATION

Di mana awak bekerja sekarang, Encik Hasan?
Sekarang saya bekerja di kilang mancis di Petaling Jaya.

Bila awak mula bekerja di kilang mancis itu?
Sudah enam bulan.

Begitu! Bagaimana awak pergi bekerja?
Saya pergi bekerja naik bas.

Bas awak bertolak pukul berapa?
Bas saya bertolak pukul 7.00 pagi.

Ramaikah orang naik bas itu?
Ramai, kadang-kadang saya kena berdiri di dalam bas.

Bas itu sampai di Petaling Jaya pukul berapa?
Kira-kira pukul tujuh tiga suku (7.45).

Di mana ia berhenti?
Ia berhenti di hadapan kilang tempat saya bekerja itu.

Pada masa petang awak buat apa, Encik Hasan?
Kadang-kadang saya bersenam, kadang-kadang saya pergi berenang di Kolam Renang di Jalan Raja Chulan.

Adik awak Husain bekerja di Bank Negara lagikah?
Tidak, dia telah berhenti.

Di mana dia bekerja sekarang?
Sekarang dia bekerja di Pejabat Pembangunan Luar Bandar.

Mengapa dia bertukar kerja?
Katanya dia tidak suka kerja kerani.

Dia belum berkahwin lagikah?
Belum, tetapi sudah bertunang.

Oh, Baguslah. Saya ingin benar hendak berjumpa dengannya. Bila dia datang ke sini suruhlah dia pergi ke rumah saya.

Baiklah.

Exercise

Translate the following sentences into bahasa Malaysia. After you have written out all the sentences check with the correct translations below this exercise:

1. His elder brother is sailing to New Zealand next month.
2. Children like to swim in the sea.
3. The boys are playing football, the girls are playing badminton.
4. Ah Seng married his wife five years ago.
5. Everyone in the village is co-operating with the government.
6. We shook hands, then we talked for about ten minutes.
7. He has been separated from his wife six months ago.
8. Why are you standing there? Come in!
9. Usually he leaves the house at 8.00 a.m.
10. He can run from here to the market in five minutes.

Now check your sentences with the correct translations below:

1. *Abang dia akan belayar ke New Zealand bulan hadapan.*
2. *Kanak-kanak suka berenang di laut.*
3. *Budak lelaki itu bermain bola sepak, budak perempuan itu bermain badminton.*
4. *Ah Seng berkahwin dengan isterinya lima tahun dahulu.*
5. *Tiap-tiap orang di kampung itu bekerjasama dengan kerajaan.*
6. *Kami berjabat tangan, kemudian kami bercakap selama kira-kira sepuluh minit.*
7. *Dia telah bercerai dengan isterinya enam bulan dahulu.*
8. *Mengapa awak berdiri di situ? Mari masuk!*
9. *Biasanya dia bertolak dari rumah pada pukul 8.00 pagi.*
10. *Dia boleh berlari dari sini ke pasar dalam masa lima minit.*

VERBS — Class IV: *ter* .....

CLASS IV Verbs take in the Prefix *ter*, and are formed from a few of Class I Verbs, and from the root of practically all Class II Verbs.

Examples of Class IV Verbs formed from Class I Verbs:

Class I	Class IV
masuk (to enter)	*termasuk*
bangun (to wake up)	*terbangun*
tidur (to sleep)	*tertidur*
lupa (to forget)	*terlupa*
ingat (to remember)	*teringat*
nampak (to be visible)	*ternampak*
fikir (to think)	*terfikir*
tinggal (to remain)	*tertinggal*
jatuh (to drop)	*terjatuh*
diam (to be silent)	*terdiam*

Examples of Class IV Verbs formed from the root of Class II Verbs:

Class II	**Class IV**
pijak (to step on)	*terpijak*
sepak (to kick)	*tersepak*
minum (to drink)	*terminum*
langgar (to knock against)	*terlanggar*
panjat (to climb)	*terpanjat*
tolak (to push)	*tertolak*
ajar (to teach)	*terajar*
ikat (to tie)	*terikat*
pasang (to switch on)	*terpasang*
kejar (to chase)	*terkejar*
tulis (to write)	*tertulis*
letak (to place)	*terletak*
susun (arrange)	*tersusun*
gantung (to hang)	*tergantung*
bayar (to pay)	*terbayar*

The *ter* Verbs are used to indicate one, or any of the following purposes:
(a) That the action is done accidentally,
(b) Capability in the act,
(c) A completed action.

Examples of Verbs indicating accidental actions:

(a) *Ali hendak menyepak bola, tersepak batu.*
Ali wanted to kick the ball, he kicked a stone accidentally instead.

(b) *Lembu itu terminum racun.*
The cow drank poison. (by accident)

(c) *Saya terlupa membawa anak kunci laci.*
I forgot to bring the drawer key (not purposely)

(d) *Dia terpijak anak itik.*
He stepped on a duckling. (accidentally)

(e) *Seekor kambing telah terjatuh ke dalam sebuah telaga.*
A goat has fallen (accidentally) into a well.

Examples of Verbs indicating capability of doing an act. These sentences are more often used in the negatives:

(a) *Saya tak terangkat meja itu, sebab (ia) terlampau berat.*
I cannot lift (am unable to lift) the table because it is too heavy.

(b) *Dia tak terpanjat pokok kelapa itu.*
He cannot climb (is unable to climb) the coconut tree.

(c) *Budak itu tak terajar, kerana (dia) terlampau bodoh.*
The boy is unteachable, because he is too stupid.

(d) *Kerbau itu terlampau liar; tak tertangkap.*
The buffalo is too wild; I can't (am unable to) catch it.

Examples of Verbs indicating completed action:

(a) *Lampu itu terletak di atas meja.*
The lamp is placed on the table.

(b) *Buku itu terkarang dalam tahun 1975.*
The book was written in 1975.

(c) *Dia terdiam apabila dia nampak saya.*
He became silent when he saw me.

(d) *Dia tidak dapat menjerit kerana mulutnya tersumbat.*
He could not shout because his mouth was gagged.

As explained earlier, a few *ter* Verbs can be used for more than one purpose. Observe the following sentences:

(a) *Saya hendak menulis nama saya, tetapi tertulis nama dia.* (accidental)
I wanted to write my name, but I wrote his name instead.

(b) *Namanya tertulis pada kulit buku itu.* (completed action).
His name is written on the cover of the book.

(c) *Saya tidak tertulis nama murid-murid sekolah ini kerana sangat ramai.* (capability)
I am not able to write the names of pupils of this school because there are so many.

If the prefix *ter* is used with a reduplicated Verb, it denotes that the action is done without specific purpose.

Observe the following examples:

(a) *Dia tergaru-garu macam monyet.*
He scratches (aimlessly) like a monkey.

(b) *Saya nampak budak itu, terdiri-diri di situ hampir sejam lamanya.*
I saw the boy standing (aimlessly) there for almost an hour.

(c) *Perempuan itu terkejar-kejar ke sana ke mari seperti orang gila.*
The woman ran here and there like a lunatic.

Words To Remember

NOUNS

almari buku, book-case
dinding, wall
hutang, debt
kaki, legs
racun, poison
tanah, ground; land; soil
Taman Bunga, Lake Garden
tangan, hands
Tugu Negara, National Monument
tulisan, writing
telaga, well

VERBS

bergerak, to move
menjerit, to shout
sumbat, to gag
terbenam, sunk
tolak, to push
ubah, to shift; to move

MISCELLANEOUS

agaknya, perhaps
baiklah, alright
begitu, so
kerana, because
pun, also
halus, fine

CONVERSATION

Ali:	*Aduh! Aduh!* (cry of pain)
Makcik:	*Mengapa, Ali?*
Ali:	*Saya tersepak batu, Makcik.*
Makcik:	*Kau tak nampakkah batu itu?*
Ali:	*Tak nampak, Makcik.*
Makcik:	*Ubah batu itu!*
Ali:	*Baiklah Makcik.... Berat, Makcik! Saya tak terangkat.*
Makcik:	*Tolaklah!*
Ali:	*Saya dah cuba tolak, Makcik, tapi tak <u>tertolak.</u>*
Makcik:	*Agaknya batu itu dah <u>terbenam</u> di dalam tanah.*
Ali:	*Saya pun berfikir begitu, Makcik.*

Exercise

Translate the following sentences into bahasa Malaysia. After you have written out all the sentences, check with the correct translations below this exercise. (There should be one Class IV Verb in the sentence):

1. The books are arranged in the bookcase.
2. We are unable to chase the boy.
3. The cup dropped (by accident).
4. When we went in we saw the lights *(lampu)* were switched on.
5. He is unable to pay his debt.
6. Two beautiful pictures are hung on the wall.
7. The National Monument is situated in the Lake Garden.

8. I can't read his writing, because it is too fine.
9. He cannot move because his hands and legs are tied up.
10. The money is kept in a drawer.

Now check your sentences with the correct translations below:

1. *Buku-buku itu tersusun di dalam almari itu.*
2. *Kami tidak terkejar budak (lelaki) itu.*
3. *Cawan itu terjatuh.*
4. *Bila kami masuk, kami nampak lampu-lampu terpasang.*
5. *Dia tidak terbayar hutangnya.*
6. *Dua keping gambar tergantung di dinding itu.*
7. *Tugu Negara terletak di Taman Bunga.*
8. *Saya tidak terbaca tulisannya kerana terlampau halus.*
9. *Dia tidak dapat bergerak kerana tangan dan kakinya terikat.*
10. *Wang itu tersimpan di dalam laci.*

LESSON 22

VERBS — Class V Verbs: *me ..... kan*

THE fifth kind of verbs contain the prefix *me* and the suffix *kan*. They are formed from certain Class 1 verbs and from other parts of speech such as nouns, adjectives or adverbs. These verbs are entirely Transitive.

Examples of Class V Verbs formed from Class 1 Verbs:

Class 1	**Class V**
tinggal (to live)	*meninggalkan* (to leave)
mandi (to bathe)	*memandikan* (to bathe someone)
balik (to return)	*membalikkan* (to return something)
sampai (to arrive)	*menyampaikan* (to convey)
keluar (to go out)	*mengeluarkan* (to take something out; to withdraw)
duduk (to sit)	*mendudukkan* (to make someone sit)
datang (to come)	*mendatangkan* (to bring forth)
masuk (to enter)	*memasukkan* (to deposit; to make something go in)
naik (to go up)	*menaikkan* (to raise)
turun (to go down)	*menurunkan* (to lower)

Examples of Verbs which are formed from Nouns:

Nouns	**Verbs**
air (water)	*mengairkan* (to irrigate)
hujan (rain)	*menghujankan* (to expose to rain)
jalan (road)	*menjalankan* (to drive; to perform; to carry out)
cermin (mirror)	*mencerminkan* (to reflect)
payung (umbrella)	*memayungkan* (to hold an umbrella over someone)
gambar (picture)	*menggambarkan* (to portray)
buku (book)	*membukukan* (to form into a book)
asap (smoke)	*mengasapkan* (to smoke)
pengerusi (chairman)	*mempengerusikan* (to chair a meeting)
susu (milk)	*menyusukan* (to feed with milk)

Examples of Verbs which are formed from Adjectives:

Adjectives	**Verbs**
panjang (long)	*memanjangkan* (to lengthen; to forward; to pass on)
pendek (short)	*memendekkan* (to shorten)
bersih (clean)	*membersihkan* (to clean)
hitam (black)	*menghitamkan* (to blacken)
terang (bright)	*menerangkan* (to brighten; to explain)
gemuk (fat)	*menggemukkan* (to fatten)
lurus (straight)	*meluruskan* (to straighten)
besar (large)	*membesarkan* (to enlarge)
jauh (far)	*menjauhkan* (to avoid; to keep away)
kosong (empty)	*mengosongkan* (to empty; to vacate)
tenang (calm)	*menegangkan* (to pacify)

Examples of Verbs which are formed from Adverbs:

Adverbs	**Verbs**
segera (immediately)	*menyegerakan* (to expedite)
lambat (late)	*melambatkan* (to delay)
dahulu (before; earlier)	*mendahulukan* (to put before)
menyudahkan (to complete; to finish)	*mengemudiankan* (to put later)
kemudian (later)	*sudah* (already)

Examples in sentences:

(a) *Dia meninggalkan anak-anaknya di rumah.*
He (She) leaves his (her) children at home.

(b) *Ketua murid sedang menaikkan bendera Kebangsaan.*
The head boy is raising the National flag.

(c) *Peladang-peladang itu mengairkan sawah mereka melalui terusan ini.*
The farmers irrigate their ricefields through this canal.

(d) *Dewan Bahasa dan Pustaka telah membukukan cerpen-cerpen pilihan tahun ini.*
Dewan Bahasa and Pustaka has compiled this year's selected short stories.

(e) *Encik Ramli mempengerusikan mesyuarat itu semalam.*
Encik Ramli chaired the meeting yesterday.

(f) *Zaitun membersihkan rumahnya tiap-tiap hari.*
Zaitun cleans her house everyday.

(g) *Saya hendak membesarkan gambar ini.*
I want to enlarge this picture.

(h) *Pekerja-pekerja Jabatan Kerja Raya sedang meluruskan jalan itu.*
Labourers of the Public Works Department are straightening the road.

(i) *Dia menerangkan mengapa dia gagal.*
He explained why he failed.

(j) *Mereka sengaja melambatkan kerja itu.*
They purposely delayed the work.

Note: (1) If two or more Class V Verbs are used successively only the last Verb takes the suffix *kan* examples:

(a) *Puan Salmah menjerang air sebelum memandi dan menyusukan anaknya.*
Puan Salmah boils water before she bathes and feeds (with milk) her child.

(b) *Pekerja-pekerja J.K.R. sedang melebar dan memanjangkan jalan itu.*
J.K.R. workers are widening and lengthening the road.

Note: (a) If the sentence is in the Imperative the prefix *me* is dropped.

Examples:

(a) *Padamkan lampu itu.*
Switch off the light.

(b) *Jangan bangunkan dia.*
Don't wake him up.

(c) *Tolong ajarkan anak saya bahasa Malaysia.*
Please teach my child bahasa Malaysia.

Words To Remember

NOUNS

anak patung, doll
barang-barang, goods
beg, bag
bendera, flag
berita, news
buaian, cradle
cerpen, short story
harga, price
harta, property
langkah, step
layang-layang, kite
lembaga, board
masalah, problem
mesyuarat, meeting
nyamuk, mosquito
pekedai, shopkeeper
penduduk, inhabitant
pengerusi, chairman

jururawat, nurse
keputusan, resolution
kerajaan, government
ketua murid, headboy
kuman, germ

rambut, hair
rancangan, project
sawah, rice-field
sungutan, complaint
terusan, canal

MISCELLANEOUS

sihat, healthy; in good health
penting, important
gagal, failed

tentang, about
mengenai, about; concerning

CONVERSATION

S: *Siapa mempengerusikan mesyuarat itu semalam?*
J: *Encik Musa, sebab Encik Ali tidak sihat.*

S: *Apakah antara keputusan-keputusan mesyuarat itu?*
J: *Antara keputusan-keputusannya ialah Persatuan hendak meminta kerajaan membesar dan meluruskan jalan ke sekolah itu.*

S: *Bagaimana tentang sungutan penduduk mengenai nyamuk yang banyak itu?*
J: *Tuan Pengerusi menyatakan, Persatuan akan mengambil langkah untuk menghapuskan nyamuk dan menjauhkan penyakit.*

S: *Eloklah tu, tetapi dapatkah Lembaga menjalankan rancangan-rancangan itu?*
J: *Kita harap dapat, tetapi Lembaga akan mendahulukan rancangan yang lebih penting dan mengemudiankan yang kurang penting.*

Exercise

Combine the words in the three columns below to form ten correct sentences:

1	2	3
Cik Asmah	*memandikan*	*berita kepadanya*
Keretapi mel pagi	*mengeluarkan*	*orang tua itu di*
		atas kerusi.
Hayati	*menaipkan*	*penyakit.*
Saya hendak	*mendudukkan*	*anaknya di atas*
Pokok getah itu	*menurunkan*	*katil.*
		kucingnya dengan
Jururawat	*memasukkan*	*menggunakan*
Kuman	*menidurkan*	*sabun.*
Ada pekedai-	*menyampaikan*	*stesen Kuala*
pekedai		*Lumpur pada*
Pesawah itu	*meninggalkan*	*pukul 9.00.*
		susu yang banyak
Pasukan yang	*mendatangkan*	*benderanya.*
kalah telah		*harga barang-*
		barangnya.
		air ke sawahnya.

Translate the following sentences into bahasa Malaysia. After you have written out all the sentences check with the correct translations below this exercise:

1. He put his books into his bag.
2. Ali brought down his kite.
3. Hayati made her doll sit on a chair.
4. I want to return the book to him tomorrow.
5. The old man left a lot of property.
6. Shopkeepers raise the prices of their goods.
7. She wants to convey this news to him.
8. Asmah put her younger sister in a cradle to sleep.

9. Money can bring problems.
10. He took out a cigarette.

Now check your sentences with the correct translations below:

1. *Dia memasukkan bukunya ke dalam begnya.*
2. *Ali menurunkan layang-layangnya.*
3. *Hayati mendudukkan anak patungnya di atas kerusi.*
4. *Saya hendak memulangkan buku itu kepadanya esok.*
5. *Orang tua itu meninggalkan banyak harta.*
6. *Pekedai-pekedai menaikkan harga barang-barang mereka.*
7. *Dia hendak menyampaikan berita ini kepadanya.*
8. *Asmah menidurkan adiknya dalam buaian.*
9. *Wang boleh mendatangkan masalah.*
10. *Dia mengeluarkan sebatang rokok.*

LESSON 23

VERBS — Class VI Verbs: *me ....i*

CLASS VI Verbs take in the prefix *me* and the suffix *i*. Like Class V Verbs they are formed from certain Class I Verbs and from other parts of speech. These verbs are also transitive. However, it should be borne in mind that not all Class I Verbs that can take *me.....kan,* can also take *me.....i,* and vice versa.

Examples of Class VI Verbs formed from Class I Verbs:

Class I	***Class VI***
duduk (to sit)	*menduduki* (to occupy)
naik (to go up)	*menaiki* (to ride)
turun (to go down)	*menuruni* (to descend)
keluar (to go out)	*mengeluari* (to drive off)
masuk (to enter)	*memasuki* (to join; to enrol)
tidur (to sleep)	*meniduri* (to sleep upon)
diam (to live)	*mendiami* (to dwell)

Examples of Verbs which are formed from Nouns:

NOUNS	**VERBS**
jalan (road)	*menjalani* (to travel; to undergo)
payung (umbrella)	*memayungi* (to hold an umbrella over someone)
perang (war)	*memerangi* (to fight out)
kasih (love)	*mengasihi* (to love)

NOUNS	**VERBS**
noda (dirt)	*menodai* (to smear)
teman (friend)	*menemani* (to accompany)
nikmat (joy; pleasure)	*menikmati* (to enjoy)
atas (top)	*mengatasi* (to supersede; to overcome)

Examples of Verbs which are formed from Adjectives:

ADJECTIVES	**VERBS**
terang (bright)	*menerangi* (to brighten)
jauh (far)	*menjauhi* (to keep off)
menang (victorious)	*memenangi* (to win over)
rapat (close)	*merapati* (to get close)
dekat (near)	*mendekati* (to get near)
tepat (to the point; sharp)	*menepati* (to keep promise, etc.)
sedar (conscious)	*menyedari* (to be aware; to realise)
patuh (obedient)	*mematuhi* (to obey)

A few words can take in both *me.....kan* and *me.....i,* but each conveys a different meaning, of course.

Read the following sentences and see the difference in meanings:

(a) *Ahmad menaikkan tangga.*
Ahmad menaiki tangga.

(b) *Puan Zaitun menidurkan anaknya.*
Puan Zaitun meniduri tilam baharu.

(c) *Anjing itu merenangkan tali ke seberang sana.*
Anjing itu merenangi sungai itu.

(d) *Dia cuba menghubungkan tali itu.*
Saya menghubungi dia dengan telefon.

(e) *Saya mendekatkan dua buah pasu bunga itu.*
Saya mendekati orang sakit itu.

The translations of the above sentences are as follows:

(a) Ahmad is raising (putting up) the ladder.
Ahmad is going up the ladder or stairs.

(b) Puan Zaitun is putting the child to sleep.
Puan Zaitun sleeps on a new mattress.

(c) The dog swam the rope to yonder bank.
The dog is swimming in the river.

(d) He tried to join the ropes.
I contacted him by telephone.

(e) I put the two flower pots close to each other.
I went near the sick man.
(I approached the sick man).

From the above examples you might have noticed that all the Verbs are Transitive, i.e. they have objects. The difference is that the object in the first sentence in each pair experiences a 'shake-up' or 'movement'; whereas the object in the second sentence is 'static'!

Words To Remember

NOUNS

dewan, hall
inflasi, inflation
enjin, engine
jasa, deed
kalung bunga, wreath
kelab, club
kesilapan, error; mistake
ketua murid, head-boy
kursus, course
pahlawan, hero
pasu bunga, flower pot
pasukan, troop; team
tilam, mattress
pengakap, scout
penyerang, attacker
peperiksaan, examination
peraturan, rules
pertanian, agriculture
pertunjukan, show
piala, cup
sukan, sports
tali, rope
tari-menari, dance
upacara, ceremony
warna, colour

MISCELLANEOUS

bersama-sama, together
pelbagai, multi; varied
seorang diri, single-handed; alone

Exercise

Fill in the blanks with the correct word in bracket:

1. *Lampu-lampu pelbagai warna .... dewan tari menari itu.*
   (menerangi, menerangkan)

2. *Sekarang dia telah .... kesilapannya.*
   (menyedarkan, menyedari)

3. *Dia sudah tahu .... enjin itu.*
   (menjalankan, menjalani)

4. *Ketua murid .... bendera tiap-tiap pagi.*
   (menaiki, menaikkan)

5. *Dalam peperiksaan yang lepas Ahmad .... kawan-kawannya yang lain.*
   (mengataskan, mengatasi)

6. *Mereka telah .... pulau itu sejak kurun ke-19.*
   (mendiami, mendiamkan)

7. *Abang saya telah .... pasukan Pengakap sekolahnya.*
   (mengetuai, mengetuakan)

8. *Pasukan sukan kelab kami telah .... lima buah piala.*
   (memenangkan, memenangi)

9. *Upacara meletakkan kalung bunga di Tugu Kebangsaan semalam ialah untuk .... jasa pahlawan-pahlawan kita.*
   (mengingatkan, mengingati)

10. *Jururawat itu cuba .... orang sakit itu.*
    (mendudukkan, menduduki)

Translate the following sentences into bahasa Malaysia. After you have written out all the sentences check with the correct translations below this exercise:

1. We descended the hill together.
2. My father held an umbrella over my head.
3. He realised his error when he reached home.
4. Hang Tuah obeyed his father's orders.
5. Every person must fight inflation.
6. He joined the police force last month.
7. My elder brother is undergoing a course in agriculture.
8. Asmah accompanied me to school.
9. All students must obey school rules.
10. We enjoyed the show last night.

Now check your sentences with the correct translations below:

1. *Kami menuruni bukit itu bersama-sama.*
2. *Bapa saya memayungi saya.*
3. *Dia menyedari kesilapannya ketika dia sampai di rumah.*
4. *Hang Tuah mentaati perintah bapanya.*
5. *Tiap-tiap orang mesti memerangi inflasi.*
6. *Dia memasuki pasukan polis bulan lepas.*
7. *Abang saya menjalani kursus pertanian.*
8. *Asmah menemani saya ke sekolah.*
9. *Semua penuntut mesti mematuhi peraturan-peraturan sekolah.*
10. *Kami menikmati pertunjukan itu malam tadi.*

LESSON 24

VERBS — Active and Passive Voice

AS in English, a declarative sentence can be expressed in two ways; in the Active Voice and in the Passive Voice. A sentence in the Active Voice can be turned into the Passive Voice, and vice versa.

Read the following sentences:

(a) (i) *Kucing makan ikan.*
The cat ate the fish. (Active)

(ii) *Ikan dimakan kucing.*
The fish was eaten by the cat. (Passive)

(b) (i) *Polis telah menangkap dua orang pencuri.*
The police has arrested two thieves. (Active)

(ii) *Dua orang pencuri telah ditangkap polis.*
Two thieves have been arrested by the police. (Passive)

(c) (i) *Kapal terbang Jepun menenggelamkan kapal perang 'Prince of Wales' dan 'Repulse' dengan menggugurkan bom.*
Japanese planes sank the warships 'Prince of Wales' and 'Repulse' by dropping bombs. (Active)

(ii) *Kapal terbang 'Prince of Wales' dan 'Repulse' ditenggelamkan oleh kapal terbang Jepun dengan menggugurkan bom.*
The warships 'Prince of Wales' and 'Repulse' were sunk by Japanese planes by dropping bombs. (Passive)

(d) (i) *Salji tebal meliputi kemuncak Gunung Fuji.*
Thick snow covers the summit of Mount Fuji. (Active)

(ii) *Kemuncak Gunung Fuji diliputi salji tebal.*
The summit of Mount Fuji is covered by thick snow. (Passive)

You must have observed that sentences with the following Classes of Verbs can be turned from Active to Passive:

(a) Class II Verbs (without *me*) example, *makan.*
(b) Class II Verbs (with *me*) example, *menangkap.*
(c) Class V Verbs (with *me....kan*) example, *menenggelamkan.*
(d) Class VI Verbs (with *me....i*) example, *meliputi.*

And in the case of (c) the word *oleh* (by) is placed after the Verb, to make the sentence more readable.

Note: In conversation the word *oleh* is often substituted by *dek.*

To make the change you must drop the prefix *me* and put *di* in its place and transfer the object and place it before the Verb. So you will see that it is quite easy.

If you want to turn the Passive into the Active you will just do the reverse, that is, drop the *di*, put in *me* and the object becomes the subject.

Now, study the following sentences:

	Passive	**Active**
(a)	*Rumahnya dimasuki pencuri.* His house was burgled. (entered by thieves)	*Pencuri memasuki rumahnya.* Thieves broke into his house.
(b)	*Susu di dalam piring itu dijilat kucing.* The milk in the saucer was licked by the cat.	*Kucing menjilat susu di dalam piring itu.* The cat licked the milk in the saucer.
(c)	*Raja yang adil dikasihi rakyat.* A just ruler is loved by the people.	*Rakyat mengasihi raja yang adil.* The people love a just king.
(d)	*Bilik itu dibersihkan oleh Ali.* The room is cleaned by Ali.	*Ali membersihkan bilik itu.* Ali cleaned the room.
(e)	*Anak-anak ikan dilepaskan oleh Menteri Pertanian dan Perikanan ke dalam tasik itu.* Fries were released by the Minister of Agriculture and Fisheries into the lake.	*Menteri Pertanian dan Perikanan melepaskan anak-anak ikan ke dalam tasik itu.* The Minister of Agriculture and Fisheries release fries into the lake.
(f)	*Bangunan itu sedang dihiasi oleh sepuluh orang pekerja.* The building is being decorated by ten workers.	*Sepuluh orang pekerja sedang menghiasi bangunan itu.* Ten workers are decorating the building.

There are other ways of forming the Passive Voice: by using the prefixes *ber* and *ter*. In this case, the doer, as in English can be left out.

Examples:

(a) *Buku itu sudah berjilid.*
The book has been bound.

(b) *Buah nenas itu sudah berkupas.*
The pineapples have been skinned.

(c) *Telefon terletak di atas meja.*
The telephone is placed on the table.

(d) *Wang emas itu tersembunyi di dalam gua.*
The gold coins are hidden in a cave.

(e) *Pasukan kami telah ditewaskan.*
Our team has been defeated.

(f) *Lagu baru itu sangat diminati.*
The new tune is very much liked.

We can also use the word '*kena*' to denote Passive Voice by placing it before the Verbs, (the prefix *me* must be dropped).

Examples:

(a) *Budak jahat itu kena pukul.*
The naughty boy was beaten.

(b) *Kambingnya kena langgar.*
His goat was knocked down.

(c) *Bandar itu kena bom dua kali.*
The city was bombed twice.

(d) *Pengurus bank itu kena samun.*
The bank manager was robbed.

(e) *Radio keretanya kena curi.*
His car radio was stolen.

Words To Remember

NOUNS

ahli, member
bakat, talent
balak, timber
bandar, city
hartawan, the wealthy
ibu bapa, parents
jalan, road
jenis, kind
kawasan, area; compound
kemerdekaan, independence
kimia, chemistry
kesukaran, hardship
lagu, song; tune
negara, state; country
Pasukan Bomba, Fire-Brigade
perajurit, soldiers
pengerusi, chairman
perbelanjaan, expenses
perbualan, talk; conversation
rakyat, people; subject
ramai, public; all
syarikat, company
tiang, pillar; post
undang-undang, law
wakil, representative

MISCELLANEOUS

pelbagai, many kinds; all sorts
hadir, present
sementara, temporary, protem
sebagai, as
seluruh, all over
segala, all

Exercise

Do the following exercise and then check with the correct answers below:

(a) Change the following sentences into the Passive:

1. *Lima orang hartawan telah menubuhkan sebuah syarikat.*
2. *Australia banyak mengimport balak dari negara ini.*
3. *Tunku Abdul Rahman mengisytiharkan kemerdekaan negara kita pada 31hb. Ogos, 1957.*
4. *Pelbagai jenis kenderaan memenuhi jalan dan lorong di bandar itu.*
5. *Kerajaan menanggung segala perbelanjaannya.*

6. *Pekerja-pekerja J.K.R. menebang pokok-pokok kelapa di tepi jalan itu.*
7. *Penduduk Kampung Setia mencalonkan dia sebagai wakil mereka.*
8. *Kadang-kadang kanak-kanak mewarisi bakat ibu bapa mereka.*
9. *Portugis mengalahkan Melaka dalam tahun 1511.*
10. *Perajurit kita mengalami pelbagai kesukaran.*

(b) Change the following sentences into the Active:

1. *Seluruh kawasan itu dibanjiri air.*
2. *Api itu telah dipadamkan oleh Pasukan Bomba.*
3. *Lagu 'Dondang Sayang' diminati ramai.*
4. *Bahasa Inggeris digunakan mereka dalam perbualan.*
5. *Buku kimia itu diterjemahkan oleh En. Bustamam.*
6. *Dia telah dilantik oleh ahli-ahli yang hadir menjadi pengerusi sementara.*
7. *Tali itu diregangnya dari tiang ini ke tiang itu.*
8. *Surat itu ditaip oleh Aminah.*
9. *Banyak rumah baru didirikan oleh syarikat.*
10. *Semua rakyat dilindungi oleh undang-undang negara.*

Now check your attempts with the correct answers below:

(a)

1. *Sebuah syarikat telah ditubuhkan oleh lima orang hartawan.*
2. *Kayu balak negara ini banyak diimport oleh Australia.*
3. *Kemerdekaan negara kita diisytiharkan oleh Tunku Abdul Rahman pada 31hb. Ogos, 1957.*
4. *Jalan dan lorong di bandar itu dipenuhi oleh pelbagai jenis kenderaan.*
5. *Segala perbelanjaannya ditanggung oleh kerajaan.*
6. *Pokok-pokok kelapa di tepi jalan itu ditebang oleh pekerja-pekerja J.K.R.*
7. *Dia dicalonkan oleh penduduk Kampung Setia sebagai wakil mereka.*

8. *Kadang-kadang bakat ibu bapa diwarisi oleh anak-anak mereka.*
9. *Melaka dikalahkan (oleh) Portugis dalam tahun 1511.*
10. *Pelbagai kesukaran dialami oleh perajurit kita.*

(b)

1. *Air membanjiri seluruh kawasan itu.*
2. *Pasukan Bomba telah memadamkan api itu.*
3. *Ramai meminati lagu 'Dondang Sayang'.*
4. *Mereka menggunakan bahasa Inggeris dalam perbualan.*
5. *Encik Bustamam menterjemahkan buku kimia itu.*
6. *Ahli-ahli yang hadir telah melantik dia menjadi pengerusi sementara.*
7. *Dia meregangkan tali itu dari tiang ini ke tiang itu.*
8. *Aminah menaip surat itu.*
9. *Syarikat mendirikan banyak rumah baru.*
10. *Undang-undang negara melindungi semua rakyat.*

Translate the following sentences into bahasa Malaysia. After you have written out all the sentences, check with the correct translations below this exercise:

1. Hari Raya Puasa is celebrated on the first day of the month of Syawal.
2. A wild elephant was knocked down by the train.
3. The picture was shown to everybody.
4. The maize plants were eaten by cows.
5. The big trees were cut down with a chain-saw.
6. The snakes are kept in a basket.
7. War was declared by the Prime Minister.
8. The course is conducted by the Union.
9. Dirty clothes are washed and dried in the machines.
10. The fair was opened by the Minister of Education.

Now check your sentences with the correct translations below:

1. *Hari Raya Puasa dirayakan pada hari pertama bulan Syawal.*
2. *Seekor gajah liar dilanggar oleh keretapi.*

3. *Gambar itu ditunjukkan kepada tiap-tiap orang.*
4. *Pokok-pokok jagung itu dimakan lembu.*
5. *Pokok-pokok besar itu ditebang dengan gergaji rantai.*
6. *Ular-ular itu disimpan di dalam bakul.*
7. *Perang diisytiharkan oleh Perdana Menteri.*
8. *Kursus itu diuruskan oleh Kesatuan.*
9. *Kain-kain kotor dibasuh dan dikeringkan di dalam mesin itu.*
10. *Pasaria itu dibuka oleh Menteri Pendidikan.*

LESSON 25

VERBS — Tenses of Verb ....(2)

IN Lesson 17 you have learnt that tenses in bahasa Malaysia are understood from the context. However, if you want to be specific, you can use certain words in your sentences to indicate the various tenses.

Study the following sentences:

(a) *Dia menulis surat.*
He writes a letter. (Present Tense)

(b) *Dia menulis surat malam tadi.*
He wrote a letter last night. (Past Tense)

(c) *Dia sedang menulis surat.*
He is writing a letter. (Present Continuous Tense)

(d) *Dia sedang menulis surat ketika saya datang.*
He was writing a letter when I came. (Past Continuous Tense)

(e) *Dia telah menulis surat.* (Present Perfect Tense)
He has written a letter.

(f) *Dia memberitahu saya dia telah menulis surat itu.*
He told me he had written the letter. (Past Perfect Tense)

You will notice that the same word *menulis* is used for sentences (a) and (b), but you know that sentence (b) is in the Past Tense, because the 'time-word', *malam tadi* tells you so.

To indicate the Continuous Tense the word *sedang* is placed before the verb, as shown in sentences (c) and (d). You can tell that sentence (d) is in the Past Continuous Tense because the phrase *ketika saya datang* gives you a clear indication that the action has taken place. Instead of the word *sedang, tengah* can also be used, the word *sedang* is a better word to use.

To indicate the Present Perfect Tense and the Past Perfect Tense the word *telah* is placed before the verb. Instead of *telah* the word *sudah* can be used. The latter word also gives a sense of 'already'.

Other examples of Past Perfect Tense:

(a) *Saya tahu dia telah lulus peperiksaannya.*
I know he had passed his exam.

(b) *Dia memberitahu saya bapanya telah belayar ke Mekah.*
He told me that his father had sailed for Mecca.

(c) *Polis menyatakan penyamun-penyamun itu telah tertangkap.*
The police stated that the robbers had been arrested.

Other examples of Past Continuous Tense:

(a) *Ketika saya sampai dia sedang menyiram bunga.*
When I arrived she was watering the flowers.

(b) *Waktu kapal terbang itu mendarat hujan sedang turun dengan lebatnya.*
When the aeroplane landed it was raining heavily.

The word *sedang* could be placed at the beginning of a sentence to make it more effective, as in the following examples:

(a) *Sedang kami berjalan-jalan di Taman Bunga, kami terdengar orang menjerit.*
While strolling in the Botanical Garden we heard a cry.

(b) *Sedang dia menyapu sampah, sebuah kereta berhenti di hadapan rumahnya.*
While sweeping (litter) a car stopped in front of her house.

Words To Remember

NOUNS

agama, religion
alam, universe; world
bahagian, portion; part
bangsa, nation
Eropah, Europe
huruf, letter
kaki, leg
kepulauan, archipelago
kurun, century
ladang, estate
mangga, mango
masa, time
misai, moustache
pelancong, tourist
penyamun, robber
peperiksaan, examination
polis, police
raja, ruler
sampah, litter; rubbish
soalan, question
taman, garden
tambahan, addition
tiket, ticket
zaman, age; era

VERBS

belayar, to sail
berniaga, to trade
bertolak, to leave; to depart
memeluk, to embrace
mendarat, to land
menyiram, to water

ADJECTIVES

awal, beginning

purbakala, ancient

READING PASSAGE FOR COMPREHENSION

Read the following passage and make sure you understand the meanings of all the words:

Tulisan Dalam Bahasa Melayu

Pada mula-mulanya orang Melayu menggunakan huruf Sanskrit, iaitu tulisan Hindu purbakala. Ini disebabkan pada zaman itu raja yang memerintah sebahagian besar kepulauan Melayu beragama Hindu.

Apabila orang Melayu memeluk agama Islam, iaitu pada awal kurun keempat belas, mereka pun mengambil huruf-huruf Arab untuk menuliskan bahasa Melayu, dan huruf-huruf Arab ini dipakai hingga sekarang.

Dalam kurun yang keenam belas bangsa Eropah mulai datang ke Alam Melayu kerana berniaga dan sebagainya. Mereka pula membawa satu jenis huruf baharu yang dinamakan huruf Rumi. Orang Melayu menerima huruf baharu ini sebagai tambahan kepada huruf Arab atau huruf Jawi itu.

Exercise

Translate the following sentences into bahasa Malaysia. After you have written out all the sentences check with the correct translations below this exercise.

1. My friend, Ahmad, goes to office by bus.
2. I have answered all his questions.
3. The tourist visited Zoo Negara and a rubber estate near Sungai Buluh.
4. My father is shaving his moustache.
5. Encik Amin was planting mango trees when I came.
6. He had bought a ticket before the train arrived.
7. A dog bit his leg.

8. He had written the book before he left for Australia.
9. The carpenters made 100 chairs in one day.
10. Pak Samad is reading a newspaper, his wife is sewing a shirt.

Now check your sentences with the correct translations below:

1. *Kawan saya, Ahmad, pergi ke pejabat dengan bas.*
2. *Saya telah menjawab semua soalannya.*
3. *Pelancong-pelancong itu melawat Zoo Negara dan sebuah ladang getah dekat Sungai Buluh.*
4. *Bapa saya sedang mencukur misainya.*
5. *En. Amin sedang menanam pokok mangga ketika saya datang.*
6. *Dia telah membeli tiket sebelum keretapi sampai.*
7. *Anjing menggigit kakinya.*
8. *Dia telah menulis (mengarang) buku itu sebelum dia bertolak ke Australia.*
9. *Tukang-tukang kayu membuat 100 buah kerusi dalam sehari.*
10. *Pak Samad sedang membaca suratkhabar, isterinya sedang menjahit kemeja.*

LESSON 26

VERBS — Auxiliary Verbs

IN bahasa Malaysia there are a few words which are considered as Auxiliary Verbs. You know that these verbs are used together with the principal verb in order to give more meaning to the principal verb. An Auxiliary Verb is always placed before the principal verb.

Among the most commonly used Auxiliary Verbs are: *boleh, telah, patut, mesti, wajib, harus, mungkin, ada, jadi, hendak, suka, kena.*

Study the following sentences, and note the principal verbs:

(a) *Katanya dia boleh memanjat pokok kelapa itu.*
He said that he can climb up the coconut tree.

(b) *Tiap-tiap kakitangan pejabat ini telah menderma kepada Tabung Pertahanan Negara.*
Every member of this office staff has donated to the National Defence Fund.

(c) *Orang kaya patut menolong orang miskin.*
The rich should help the poor.

(d) *Kerja itu mesti disudahkan hari ini.*
The work must be finished today.

(e) *Tiap-tiap orang Islam yang akil baligh wajib berpuasa dalam bulan Ramadan, kecuali kerana sebab-sebab yang tertentu.*
Every Muslim who has reached adulthood is obliged to fast in the month of Ramadan except with certain reasons.

(f) *Rancangan itu harus dilaksanakan juga.*
That project should also be implemented.

(g) *Langkah seperti itu mungkin menimbulkan kegelisahan orang-orang di kampung ini.*
Such a step might create unrest among the people in this village.

(h) *Dia ada datang malam itu.*
He did come that night.

(i) *Saya tak jadi beli rumah itu sebab harganya mahal sangat.*
I didn't buy (lit, didn't materialise) that house because the price is too expensive.

(j) *Mereka hendak bertolak pagi esok.*
They want to leave tomorrow morning.

(k) *Saya suka makan buah-buahan tempatan.*
I like to eat local fruits.

(l) *Tiap-tiap penuntut kena membayar $3.00 sepenggal sebagai yuran sukan dan perpustakaan.*
Every student has to pay $3.00 per term as sports and library fees.

Note: You must have noticed that the word to that precedes the verbs 'leave', 'eat' and 'pay' in sentences (j), (k) and (l) respectively are not rendered in bahasa Malaysia.

Words To Remember

NOUNS

barang, goods
cita-cita, ambition
cuaca, weather
galakan, encouragement
ibu bapa, parents
ilmu, knowledge
kanak-kanak, child
timur, east
yuran, fees; subscription
mata pelajaran, (school) subject
pantai, coast
pelancong, tourist
pengetahuan, knowledge
perhatian, attention
perpustakaan, library
kira-kira, sums
lapangan, field
layang-layang, kite

VERBS

asuh, to teach; to bring up
bangun, to get up
bergerak, to move
bersekolah, to attend school
menanam, to plant
membawa, to carry
mencapai, to achieve
mendidik, to educate; to bring up
menyiram, to water

MISCELLANEOUS

bersama-sama, together
dengan demikian, by so doing
maju, progressive; forward
supaya, so that

READING PASSAGE FOR COMPREHENSION

Semua kanak-kanak <u>*mesti*</u> *bersekolah. Di sekolah mereka belajar pelbagai jenis ilmu pengetahuan. Mereka belajar membaca, menulis dan membuat kira-kira. Mereka juga boleh belajar beberapa mata pelajaran yang lain.*

Tiap-tiap ibu bapa wajib mendidik anak-anak mereka supaya menjadi rakyat yang berpengetahuan dan berguna kepada diri dan negara. Kanak-kanak itu patut diasuh dan diberi galakan supaya mereka dapat mencapai cita-cita mereka.

Dalam zaman sains dan teknologi ini eloklah ibu bapa memberi perhatian yang lebih berat dalam lapangan ini. Dengan demikian dapatlah kita bergerak maju bersama-sama dengan negara-negara lain.

Exercise

Translate the following sentences into bahasa Malaysia. After you have written out all the sentences check with the correct translations below this exercise:

1. Birds can fly and ducks can swim.
2. My father has planted fifty coconut trees.
3. The strong should help the weak.
4. You must water the flowers every day.
5. He might come if the weather is good.
6. The tourists wanted to go to the East Coast.
7. Children like to play kites.
8. I have to see the doctor this morning.
9. The lorry can carry five tons of goods.
10. You must sleep early and get up early.

Now check your sentences with the correct translations below:

1. *Burung boleh terbang dan itik boleh berenang.*
2. *Bapa saya telah menanam lima puluh batang pokok kelapa.*
3. *Yang kuat patut menolong yang lemah.*
4. *Awak mesti menyiram bunga-bunga itu tiap-tiap hari.*
5. *Dia mungkin datang jika cuaca baik.*
6. *Pelancong-pelancong itu hendak pergi ke Pantai Timur.*
7. *Kanak-kanak suka bermain layang-layang.*
8. *Saya kena berjumpa doktor pagi ini.*
9. *Lori itu boleh membawa lima ton barang.*
10. *Awak mesti tidur awal dan bangun awal.*

LESSON 27

ADVERBS — Adverb of Manner

A bahasa Malaysia Adverb modifies a Verb, an Adjective or another Adverb.

Study the following sentences:

(a) *Ramli berlari pantas.*
Ramli runs fast.

(b) *Bunga orkid ini sungguh cantik.*
This orchid (flower) is truly beautiful.

(c) *Ramli berlari sangat pantas.*
Ramli runs very fast.

In sentence (a) the word *pantas* modifies the verb *berlari.*

In sentence (b) the word *sungguh* modifies the adjective *cantik.*

In sentence (c) the word *sangat* modifies the adverb *pantas.*

Below are examples of Adverbs which are used to modify Verbs:

(a) *Guru-guru itu sampai awal.*
The teachers arrive early.

(b) *Sila jawab surat ini segera.*
Please reply this letter immediately.

(c) *Kalau dia bercakap perlahan-lahan saya boleh faham.*
If he speaks slowly, I can understand.

(d) *Berjalan baik-baik, jalan ini sibuk.*
Walk carefully, this road is busy.

(e) *En. Ahmad ada di sini tadi.*
En. Ahmad was here just now.

(f) *Kadang-kadang dia pergi ke pejabat dengan bas.*
Sometimes he goes to office by bus.

(g) *Awak pergi dahulu, saya datang kemudian.*
You go ahead, I'll come later.

(h) *Jangan datang dekat, api ini merebak.*
Don't come near, the fire is spreading.

(i) *Mengapa dia menangis?*
Why is he (she) crying?

(j) *Dia tentu lulus kali ini.*
He (will) certainly pass this time.

You will notice that some Adverbs of Manner are formed by reduplicating the Adjectives either fully or partially. See examples (c) and (d).

Below are examples of Adverbs which are used to modify Adjectives and other Adverbs.

(a) *Cuaca hari ini sangat panas.*
Today's weather is very hot.

(b) *Sungai Pahang lebih panjang daripada Sungai Perak.*
The Pahang River is longer than the Perak River.

(c) *Bilik ini terlampau sejuk, saya tak tahan.*
This room is too cold, I can't stand it.

(d) *Harga barang-barang di kedai itu mahal belaka.*
The price of goods in that shop is all (without exception) expensive.

Note: Never use *banyak* for 'very', because that would be bazaar Malay.

Words To Remember

NOUNS

besi, iron
isteri, wife
peraturan, rules
berebut-rebut, to rush; to struggle for something
sate, satay
stesen, station
mengejar, to chase
reda, to abate
terpaksa, to be forced

ADJECTIVES

enak, delicious
ramai, many (of people)
sakit, sick
terang, bright

ADVERBS

awal, early
cepat, quick
cermat-cermat, carefully
begini, this way
begitu, that way
dahulu, before; ahead
dekat, near
kadang-kadang, sometimes
kemudian, later
lambat, late
pantas, swift; fast
perlahan-lahan, slowly
sangat, very
sedikit, a little
segera, immediately
sungguh, really
tadi, just now
terlampau, too much
terlalu, excessively

CONVERSATION

(1) (2) (3)
Ibu: *Hai Limah! Mengapa kau lambat balik?*

(4) (5)
Anak: *Susah nak dapat baslah, mak. Orang ramai sangat.*

(6)
Ibu: *Kau 'nunggu di mana? Tidak di stesen?*

(7)
Anak: *Mah 'nunggu di stesenlah. Tapi, bila bas sampai*
(8)
saja, orang naik berebut-rebut. Orang tak mahu
(9)
ngikut peraturan.

(10)
Ibu: *Jadi, 'gaimana kau dapat naik?*

(6)
Anak: *Mah terpaksalah 'nunggu sampai orang dah reda. Mah naik bersama-sama Zainab.*

(11) (12)
Ibu: *Tak apalah lambat sikit. Biar lambat asalkan selamat.*

Note:

(1) *Hai* is an exclamatory word indicating surprise.

(2) Limah is short form of Halimah. It could be further shortened to Mah. This is done to practically all Malay names. Such abbreviated form could also be used as a sort of Personal Pronoun.

(3) The word *kau* (you) is used by a superior to an inferior person. It is shortened from *engkau.*

(4) *lah* is a suffix, and used as a balance word.

(5) *mak* is a shorteded form of *emak.*

(6) *nunggu* is shortened from *menunggu.*
In conversation the prefix *me* is often 'swallowed'.

(7) *tapi* is shortened from *tetapi.*

(8) *saja* is another form of *sahaja.*

(9) *ngikut* is abbreviated from *mengikut.*

(10) *'gaimana* is abbreviated from *bagaimana.*

(11) *sikit* is abbreviated from *sedikit.*

(12) This whole sentence is a maxim meaning: 'It does not matter being late provided that it is safe'.

Exercise

Translate the following sentences into bahasa Malaysia. After you have written out all the sentences, check with the correct translations below this exercise:

1. Run quickly! The cow is chasing you.
2. Kajang satay is very delicious.
3. I do it this way; you do it that way.
4. He is always sick.
5. This lamp is too bright.
6. Zainab is happy now.
7. This iron is hot; hold it carefully.
8. My (elder) sister sleeps early and gets up early.
9. Sometimes he plays badminton with his wife.
10. Dont't come late!

Now check your sentences with the correct translations below:

1. *Lari cepat! Lembu itu mengejar awak.*
2. *Sate Kajang sangat enak.*
3. *Saya buat begini; awak buat begitu.*
4. *Dia selalu sakit.*
5. *Lampu ini terlampau terang.*
6. *Zainab gembira sekarang.*

7. *Besi ini panas; pegang cermat-cermat.*
8. *Kakak saya tidur awal dan bangun awal.*
9. *Kadang-kadang dia bermain badminton dengan isterinya.*
10. *Jangan datang lambat!*

LESSON 28

ADVERBS — Other Kinds of Adverbs

OTHER kinds of Adverbs are expressed more or less in the same way as they are expressed in English, that is, they may be placed before or after the word they modify, or at an appropriate part of the sentence.

Study the following sentences:

(a) *Saya dah dengar cerita itu dahulu.* (Adverb of Time)
I have heard that story before.

(b) *Sekarang kita mulakan kerja kita.* (Adverb of Time)
Now we shall begin our work.

(c) *Dia selalu datang pada waktu petang.* (Adverb of Number)
He always come in the evening.

(d) *Saya telah dua kali membaca buku itu.* (Adverb of Number)
I have read that book twice.

(e) *Duduk di sini*. (Adverb of Place)
Sit here.

(f) *Anjing itu lari keluar*. (Adverb of Place)
The dog ran away.

(g) *Hujan malam tadi lebat betul*. (Adverb Of Degree)
Last night's rain was heavy indeed.

(h) *Lembu itu hampir mati*. (Adverb of Degree)
The cow is almost dead.

(i) *Awak tetap bersalah*. (Affirmation)
You are surely in the wrong.

(j) *Oleh itu dia dibuang kerja*. (Reason)
Therefore he was dismissed.

Words To Remember

NOUNS

cerita, story
baju hujan, raincoat
guruh, thunder
jiran, neighbour
kain, cloth
keretapi mel, mail train
mangga, mangoes; padlock
murid, pupil
senja, dusk
kertas, paper
kilat, lightning
ujian, test

VERBS

berjalan kaki, to go on foot
bersalah, to be in the wrong
dibanjiri, to be flooded
menderu, to roar
memancar, to flash
memandu, to drive
sampai, to arrive
tanya, to ask
telap, pass through (of water)
tunggu, to wait

ADJECTIVES

comel, cute
gagal, failed
singkat, short
lebat, heavy (of rain); abundant (of fruits)

ADVERBS

berdentum-dentam, with booming sound
elok-elok, nicely
masih, still
mencurah-curah, pouring
supaya, so that
sebab, because
sebentar, a while
sabung-menyabung, criss-cross
seperti biasa, as usual
tidak berhenti-henti, unceasingly

READING PASSAGE FOR COMPREHENSION

Read the following passage and try to understand all the words:

Hari Hujan

Hari hampir senja. Angin bertiup sangat kencang. Kilat memancar sabung-menyabung. Guruh menderu berdentum-dentam. Tidak lama kemudian hujan pun turun mencurah-curah. Dalam masa yang singkat banyak kawasan yang rendah dibanjiri air.

Cik Timah pergi ke pasar memakai payung kertas. Dalam hujan begini, lebih baik memakai payung kertas daripada memakai payung kain. Payung kain telap air.

Hujan turun tidak berhenti-henti. Pada pagi esoknya hujan masih turun, tetapi tidak begitu lebat. Murid-murid yang pergi ke sekolah berjalan kaki, terpaksa memakai baju hujan atau payung.

Apabila Cik Timah balik dari pasar dia berkata kepada jirannya Cik Asmah,

(1)

"Ikan di pasar bukan main mahal hari ini!"

"Mengapa begitu?" tanya Cik Asmah.

"Sebab malam tadi hujan lebat. Nelayan tidak dapat menangkap ikan seperti biasa," jawab Cik Timah.

(2) (3)

"Itulah! Kalau hujan, nelayan susah; kita pun susah," kata Cik Asmah pula.

Note:

(1) The phrase *bukan main* is an idiom which literally means 'It's no joke'. It actually means 'terribly'.

(2) *Itulah* here means 'that is the consequence'.

(3) The word *susah* here means 'to experience difficulty'.

Exercise

Translate the following sentences into bahasa Malaysia. After you have written out all the sentences check with the correct translations below:

1. First open the padlock this way, then push the door slowly.
2. Wait here a while, I want to buy cigarettes.
3. The boy came near.
4. Why didn't you come on that day?
5. The kitten is very cute.
6. Give me a little.
7. Write nicely so that your letter can be read with ease.
8. The mangoes he bought are very sweet.
9. He failed his driving test twice.
10. The mail train arrived late.

Now check your sentences with the correct translations below:

1. *Mula-mula buka mangga (itu) begini; kemudian tolak pintu (itu) perlahan-lahan.*
2. *Tunggu di sini sebentar, saya hendak membeli rokok.*
3. *Budak (lelaki) itu datang dekat.*
4. *Mengapa awak tak datang pada hari itu?*
5. *Anak kucing itu sangat comel.*

6. *Beri saya sedikit.*
7. *Tulis elok-elok supaya surat awak boleh dibaca dengan senang.*
8. *(Buah) mangga yang dibelinya itu sangat manis.*
9. *Dia gagal ujian memandu kereta dua kali.*
10. *Keretapi mel sampai lambat.*

LESSON 29

PREPOSITION — *Dari; Daripada; Ke; Kepada; Pada; Sampai; Dengan; Oleh*

MANY students have trouble with prepositions. Untrained writers often make mistakes in the use of them. In the newspapers and in the radio wrong use of prepositions are often committed. Wrong usage of prepositions naturally make the sentences awkward and uncomprehensible.

You should therefore try to follow the guides given below:

Dari

The word *dari* (from) is used with places and time, and not with persons.

Examples:

(a) *Pelancong-pelancong itu datang dari Hong Kong.*
The tourists come from Hong Kong.

(b) *Mereka datang dari mana?*
Where do they come from?

(c) *Budak-budak itu belajar dari pukul lapan.*
The children study from eight o'clock.

(d) *Orang Islam berpuasa dari dinihari sampai senja.*
Muslims fast from dawn to dusk.

Daripada

The word *daripada* (from) is used with persons.

Examples:
(a) *Surat itu datang daripada abang saya.*
The letter comes from my (elder) brother.

(b) *Saya menerima hadiah daripada Guru Besar.*
I received a prize from the Headmaster.

Daripada is also used for comparing two things.

Examples:
(a) *Ikan lebih murah daripada daging.*
Fish is cheaper than meat.

(b) *Pisang lebih baik daripada rambutan.*
Bananas are better than rambutans.

(c) *Bersiar-siar di tepi laut lebih baik daripada duduk di sini.*
Strolling along the beach is better than sitting here.

Another use of *daripada* is that it translates the English phrase 'out of' or 'of'.

Examples:
(a) *Tiga daripada sepuluh orang mangsa kebakaran itu telah meninggal dunia.*
Three out of the ten fire victims have died.

(b) *Dua orang daripada pelajar-pelajar itu mendapat biasiswa.*
Two of the students got scholarships.

The word *daripada* is also used for the expression 'rather than'.

Examples:
(a) *<u>Daripada</u> berbual-bual kosong lebih baik bekerja.*
It would be better to work <u>rather than</u> talking pointlessly.

(b) *<u>Daripada</u> tinggal di bandar lebih baik aku tinggal di kampung.*
I would live in the kampung <u>rather than</u> living in the city.

Ke

The *ke* (to) is used with 'place'.

Examples:
(a) *Saya pergi <u>ke</u> pejabat tiap-tiap hari.*
I <u>go</u> to office every day.

(b) *Awak hendak pergi <u>ke</u> mana?*
Where do you want to <u>go</u>?

Kepada

The word *kepada* (to) is used with persons.

Examples:
(a) *Beri surat ini <u>kepada</u> dia.*
Give this letter <u>to</u> him (her).

(b) *Tolong kirimkan <u>kepada</u> saya dua buah kamus.*
Please send (<u>to</u>) me two dictionaries.

Pada

The word *pada* can also mean 'with', or 'there is' as in the following examples:
(a) *Wang kutipan itu ada <u>pada</u> dia.*
The money collected is <u>with</u> him.

(b) *Pada kakinya ada nyamuk.*
On this leg there is a mosquito.

(c) *Pada awak ada berapa biji?*
How many (fruits or eggs) are with you?

The word *pada* (at) is used with time.

Examples:

(a) *Majlis itu diadakan pada malam ini.*
The party will be held tonight.

(b) *Pada zaman dahulu orang suka tinggal di tepi sungai.*
In the past people liked to live along rivers.

(c) *Pertunjukan itu bermula pada pukul 8.00 tepat.*
The show starts at 8.00 sharp.

Sampai

As a Verb *sampai* means 'to reach' or 'to arrive'. As a preposition it means 'till' or 'until'.

Examples:

(a) *Peladang-peladang itu bekerja dari pagi sampai petang.*
The farmers work from morning till evening.

(b) *Dia berusaha sampai berjaya.*
He worked (hard) until he succeeded.

Note: Instead of *sampai*, the words *hingga* or *sehingga* can be used.

Dengan

The word *dengan* can mean 'with' when followed by an 'agent' or when there is an idea of togetherness of association.

Examples:

(a) *Dia mengecat basikalnya dengan cat biru.*
He painted his bicycle with blue paint.

(b) *Dia menulis dengan pen.*
He writes with a pen.

(c) *Asmah menggosok lantai dengan berus.*
Asmah scrubs the floor with a brush.

(d) *Encik Ali tinggal dengan isteri dan anak-anaknya.*
Encik Ali lives with his wife and children.

(e) *Dia suka makan roti dengan mentega.*
He likes to eat bread and butter.

(f) *Pagi ini kami mendengar cerita 'Singa dengan Tikus'.*
This morning we heard the stroy of 'The Lion and the Mouse'.

Dengan also translates the word by, when it is followed by 'a means'.

Examples:

(a) *Mereka pergi ke sekolah dengan bas.*
They go to school by bus.

(b) *Nelayan-nelayan itu menangkap ikan dengan jala.*
The fishermen catch fish by using a net.

Oleh

The word *oleh* is used for 'by' when it is followed by the 'doer' of an action. This is a passive sentence.

(a) *Mesyuarat itu akan dibuka oleh Perdana Menteri.*
The meeting will be opened by the Prime Minister.

(b) *Jalan raya itu sedang dibaiki oleh Jabatan Kerja Raya.*
The road is being repaired by the Public Works Department.

(c) *Berita itu telah disiarkan oleh Radio Malaysia.*
The news was broadcast by Radio Malaysia.

Words To Remember

NOUNS

biasiswa, scholarship
buah-buahan, fruits
dinihari, dawn
Guru Besar, Head Teacher
kampung, village
kebakaran, a fire
kutipan, collection
majlis, party; function
mangsa, victim
nelayan, fisherman
Perdana Menteri, Prime Minister
sabun, soap

VERBS

beri, to give
bersiar-siar, to stroll
berusaha, to work hard
dibaiki, is repaired
disiarkan, is broadcast
membasuh, to wash
menggosok, to scrub
meninggal dunia, to die

ADJECTIVES

berjaya, successful
busuk, bad; rotten
kosong, empty; vacant
tepat, sharp

Exercise

Translate the following sentences into bahasa Malaysia. After you have written out all the sentences check with the correct translations below:

1. Those fruits come from our village.
2. My father went to Kuantan yesterday.
3. At that time he was sleeping.
4. Give this picture to him.
5. My mother washes the clothes with soap.
6. The door was opened by a pretty girl.
7. Sometimes he goes to Singapore by air (aeroplane).
8. A cat can run faster than a dog.

9. They work from eight o'clock.
10. Five of the eggs are bad.

Now check your sentences with the correct translations below:

1. *Buah-buahan itu datang dari kampung kami.*
2. *Bapa saya pergi ke Kuantan semalam.*
3. *Pada masa itu dia sedang tidur.*
4. *Beri gambar ini kepada dia.*
5. *Emak saya membasuh pakaian dengan sabun.*
6. *Pintu dibuka oleh seorang perempuan cantik.*
7. *Kadang-kadang dia pergi ke Singapura dengan kapal terbang.*
8. *Kucing boleh berlari lebih pantas daripada anjing.*
9. *Mereka bekerja dari pukul lapan.*
10. *Lima biji daripada telur-telur itu busuk.*

LESSON 30

PREPOSITION — *di atas; di bawah; di hadapan; di belakang; di dalam; di luar; di sebelah*

YOU will now learn a few more prepositions which are commonly used:

The word *di atas* can mean 'on', 'over'.

Examples:

(a) *Kamera itu terletak di atas meja.*
The camera is placed on the table.

(b) *Bola lalu di atas palang gol.*
The ball passed over the cross-bar.

di bawah

The word *di bawah*, can mean 'under'; 'underneath'; 'below'.

Examples:

(a) *Kami berjalan di bawah jambatan itu.*
We walked under the bridge.

(b) *Dia mendapat di bawah 40 markah.*
He got below 40 marks.

di hadapan

The word *di hadapan* is to mean 'in front of'.

Examples:

(a) Ali stands in front of the class.
Ali berdiri di hadapan kelas.

(b) *Di hadapan Pejabat Daerah ada padang.*
In front of the District Office there is a field.

di belakang; di balik

The word *di belakang* is to mean 'behind'; and *di balik* to mean 'behind' or 'at the back of'.

Examples:

(a) *Di belakang kedai ada sungai.*
Behind the shop there is a river.

(b) *Dia bersembunyi di balik almari besar itu.*
He is hiding behind (at the back of) the big cupboard.

di dalam

The word *di dalam* is to mean 'in' or 'inside'.

Examples:

(a) *Surat-surat itu disimpan di dalam laci.*
The letters are kept in the drawer.

(b) *Di dalam bakul itu ada ular.*
Inside the basket there is a snake.

di luar

The word *di luar* is to mean 'outside'.

Examples:

(a) *Di luar dewan ramai orang menunggu.*
Outside the hall many people are waiting.

(b) *Rumah dia di luar kawasan berkurung.*
His house is outside the curfew area.

di sebelah

The word *di sebelah* is to mean 'beside'.

(a) *Asmah duduk di sebelah saya.*
Asmah sits beside me.

(b) *Di sebelah bangunan itu ada kuil.*
Beside the building there is a temple.

Words To Remember

NOUNS

dewan, hall
jambatan, bridge
kamera, camera
kelas, class
kuil, temple
markah, mark
menara, tower
padang, field
perbendaharaan, treasury
peristiwa, event
puncak, top; summit
senibina, architecture
tengah, middle
tengah malam, midnight
tingkat, storey
upacara, ceremony

VERBS

bersembunyi, to hide
bina, to build
menamakan, to name; to call
mengandungi, to consist of
menyaksikan, to witness
menyerupai, to resemble
terletak, to be situated
terpasang, to install; to fix

ADJECTIVES

bersejarah, historical
seperti, such as
indah, splendid; magnificient

READING PASSAGE FOR COMPREHENSION

Bangunan Abdul Samad

Bangunan Abdul Samad ialah sebuah bangunan yang indah di Kuala Lumpur. Ia terletak di Jalan Raja. Di hadapannya ada sebuah padang yang dikenal dengan nama Padang Kelab Selangor.

Bangunan ini dibina dalam tahun 1894. Ia menyerupai senibina bangunan-bangunan di negara-negara Asia Barat. Ia mengandungi dua tingkat sahaja dan di tengah-tengahnya ada sebuah menara. Di puncak menara itu ada terpasang sebuah jam besar dan sebab itulah ada orang yang menamakan bangunan ini Bangunan Jam Besar.

Di dalam bangunan ini terdapat beberapa pejabat kerajaan seperti Perbendaharaan dan Pejabat Tanah. Beratus-ratus orang pekerja bekerja di situ.

Bangunan ini telah menyaksikan berbagai-bagai peristiwa bersejarah. Satu daripada peristiwa itu ialah upacara menurunkan bendera Union Jack dan menaikkan bendera kebangsaan negara kita bagi pertama kalinya dilakukan di padang di hadapan bangunan inilah, iaitu pada waktu tengah malam 31hb. Ogos, 1957.

Exercise

Translate the following sentences into bahasa Malaysia. After you have written out all the sentences check with the correct translation below this exercise:

1. There are fifty cigarettes in the tin.
2. In front of the school there is a field.
3. On the radio there is a clock.
4. On top of the roof there are three crows.
5. The children are playing outside the house.
6. Under the table is a white cat.
7. The aeroplane flew over our school.
8. Behind the mosque there is a small road.

9. Inside the room there are tables and chairs.
10. He is standing beside the teacher.

Now check your sentences with correct translations below:

1. *Di dalam tin itu ada lima puluh batang rokok.*
2. *Di hadapan sekolah (itu) ada padang.*
3. *Di atas radio ada jam.*
4. *Di atas atap ada tiga ekor burung gagak.*
5. *Kanak-kanak itu bermain di luar rumah.*
6. *Di bawah meja ada seekor kucing putih.*
7. *Kapal terbang itu terbang di atas sekolah kami.*
8. *Di belakang masjid ada jalan kecil.*
9. *Di dalam bilik ada meja dan kerusi.*
10. *Dia berdiri di sebelah (di samping) guru.*

LESSON 31

CONJUNCTION

YOU know that a Conjunction is a word which joins together sentences, and sometimes words.

Below is a list of the most commonly used Conjunctions in bahasa Malaysia:

dan, and	*serta,* with; and
tetapi, but	*walaupun,* } even if
atau, or	*sungguhpun,* } even if
dengan, with	*meskipun,* } even if
supaya, so that	*seolah-olah,* as if

Examples of Conjunctions used to join sentences:

(a) *Nelayan menangkap ikan dan pesawah bertanam padi.*
Fishermen catch fish and rice-planters plant rice.

(b) *Badan mereka kecil-kecil, tetapi sangat kuat bekerja.*
They are of small build, but they work very hard.

(c) *Kita boleh pergi dengan kapal terbang atau menaiki kapal laut.*
We can go by air (aeroplane) or by steamer.

(d) *Sebuah gudang dengan barang-barang di dalamnya habis terbakar.*
A ware-house and the goods inside it were totally burnt down.

(e) *Dia berbisik-bisik supaya kata-katanya tidak didengar orang lain.*
He whispered so that his words are not heard by other people.

(f) *Lima orang pegawai kanan serta dua belas orang pegawai muda hadir di majlis itu.*
Five senior officers and twelve junior officers were present at the function.

(g) *Mereka tertawa berdekah-dekah seolah-olah merekalah orang yang paling gembira hari itu.*
They laughed heartily as if they were the happiest persons that day.

Examples of Conjunctions which join only words:

(a) *Dia membeli ikan dan sayur.*
He bought fish and vegetables.

(b) *Bilik ini kecil tetapi bersih.*
This room is small but clean.

(c) *Ambil ini atau itu.*
Take this or that.

(d) *Lima dengan dua jadi tujuh.*
Five and two make seven.

(e) *Ibu bapa serta keluarga dijemput hadir.*
Parents and the family are invited to attend.

Some Conjunctions are used in pairs:

sama ada .... atau	whether .... or; either .... or
sungguhpun ....tetapi,	though .... yet
bukan sahaja ....tetapi juga,	not only .... but also

Examples in sentences:

(a) *Saya tidak tahu sama ada dia datang atau tidak.*
I don't know whether he came or not.

(b) *Sungguhpun dia miskin tetapi dia sentiasa gembira.*
Though he is poor, he is always happy.

(c) *Udara pada waktu pagi bukan sahaja bersih tetapi juga menyegarkan.*
Morning air is not only clean but also refreshing.

Besides the above there are a few compound expressions used as Conjunctions:

dengan syarat, on condition that
kalau tidak, if not; or; else

Examples in sentences:

(a) *Awak boleh pinjam buku ini dengan syarat awak pulangkannya dalam masa seminggu.*
You can borrow this book on condition that you return it in one week's time.

(b) *Dia mesti menyerah diri kalau tidak dia mati.*
He must surrender or he will die.

(c) *Belajarlah bersungguh-sungguh, kalau tidak awak tidak akan berjaya.*
Study hard, or else you will not succeed.

Other Conjunctions are:

sebab, because; for
kerana, because; for
selepas; setelah; after
kalau, jika; jikalau; if
hingga, sehingga; till; until
sebelum, before
apabila, when
bila, when
sambil, while
di mana, where
ketika, when
manakala, when
kecuali, except

Examples in sentences:

(a) *Kucing itu mengiau kerana ia lapar.*
The cat mews because it is hungry.

(b) *Setelah hujan berhenti kami pun berjalan semula.*
After the rain stopped we then walked again.

(c) *Pokok-pokok bunga itu akan hidup subur jika dibubuh baja.*
The flower plants will grow well if they are manured.

(d) *Hafaz perkataan-perkataan ini sebelum awak membuat latihan.*
Learn up the words before you do the exercise.

(e) *Kami tidak tahu bila kapal terbang itu bertolak.*
We don't know when the plane is leaving.

(f) *Dia menyanyi sambil menari.*
She is singing while dancing.

(g) *Dia sedang membelah kayu api ketika kami datang.*
He was splitting firewood when we came.

(h) *Ahmad menggilap kasutnya sehingga berkilat.*
Ahmad polished his shoes until they shine.

(i) *Tiap-tiap pelajar terpaksa membayar yuran kecuali orang-orang yang tidak mampu.*
Every student has to pay fees except those who are unable to do so.

Words To Remember

NOUNS

anak yatim, orphan
badan, body
bapa saudara, uncle
gudang, ware-house
latihan, exercise
pegawai kanan, senior officer
pegawai muda, junior officer
pertunjukan, show

kata-kata, words
keluarga, family
udara, air

VERBS

berbisik, to whisper
bermula, to begin
hafaz, to memorize
meminjam, to borrow
menggilap, to polish
menyerah diri, to surrender
tertawa, to laugh
kenal, to know; to recognise

ADJECTIVES

lapar, hungry
mampu, able
miskin, poor
menyegarkan, refreshing

ADVERB AND PREPOSITION

berdekah-dekah, heartily
semenjak, since

Exercise

Translate the following sentences into bahasa Malaysia. After you have written out all the sentences check with the correct translations below:

1. I knew En. Amin since the year 1954.
2. You can buy this dictionary at Pustaka Bersatu or in the school bookshop.
3. Though iron is cheaper than gold it is very useful.
4. They talk while eating.
5. Mother is sweeping in the house, father is cutting grass outside the house.
6. He walked fast so that he would not be late.
7. I don't know whether he wants to go or not.
8. Malaysian fruits are not only cheap but also delicious.
9. The two orphans lived with their uncle.
10. The show had started when we arrived.

Now check your sentences with the correct translations below:

1. *Saya kenal En. Amin semenjak tahun 1954.*
2. *Awak boleh beli kamus ini di Pustaka Bersatu atau di kedai buku sekolah.*
3. *Sungguhpun besi lebih murah daripada emas ia sangat berguna.*
4. *Mereka bercakap sambil makan.*
5. *Emak menyapu di dalam rumah, bapa memotong rumput di luar rumah.*
6. *Dia berjalan pantas supaya dia tidak lambat.*
7. *Saya tidak tahu sama ada dia hendak pergi atau tidak.*
8. *Buah-buahan Malaysia bukan sahaja murah tetapi juga enak (sedap).*
9. *Dua orang anak yatim itu tinggal dengan bapa saudara mereka.*
10. *Pertunjukan itu telah bermula ketika kami sampai.*

LESSON 32

TIME AND DAY — Telling the Time; Days of the Week; The Calendars; The Date

Telling The Time

TELLING the time is comparatively easy in bahasa Malaysia. Study the following expressions and their English equivalents:

pukul satu	—	one o'clock
pukul lima	—	five o'clock
pukul sembilan	—	nine o'clock
pukul dua belas	—	twelve o'clock
pukul tiga suku	—	a quarter past three
pukul lapan suku	—	a quarter past eight
pukul dua setengah	—	half past two
pukul tujuh setengah	—	half past seven
pukul empat tiga suku	—	a quarter to five
pukul sebelas tiga suku	—	a quarter to twelve

The word *pukul* literally means 'to strike'. 'Minute' is express as *minit*.

Now study the following expressions:

Pukul tiga sepuluh — ten (minutes) past three

Pukul enam dua puluh lima minit — twenty-five (minutes) past six

lagi lapan minit pukul sembilan — eight minutes to nine

Days of the Week

The names of the Days of the Week are as follows:

hari Ahad	—	Sunday
hari Isnin	—	Monday
hari Selasa	—	Tuesday
hari Rabu	—	Wednesday
hari Khamis	—	Thursday
hari Jumaat	—	Friday
hari Sabtu	—	Saturday

Note: In conversation *hari Ahad* is sometimes expressed as *hari minggu.*

The Calendars

There are two calendars in current use, namely the Gregorian Calendar and the Muslim Calendar.

The Gregorian Calendar as you know is a solar calendar and has 365 days (or 366 days) in a year. The Muslim Calendar is a lunar calendar and has only 354 days in a year.

The names of the months of both calendars are given below:

Gregorian Calendar		Muslim Calendar	
1. *Januari*	31 days	1. *Muharam*	30 days
2. *Februari*	28 days	2. *Safar*	29 days
3. *Mac*	31 days	3. *Rabiulawal*	30 days
4. *April*	30 days	4. *Rabiulakhir*	29 days
5. *Mei*	31 days	5. *Jamadilawal*	30 days
6. *Jun*	30 days	6. *Jamadilakhir*	29 days
7. *Julai*	31 days	7. *Rejab*	30 days
8. *Ogos*	31 days	8. *Syaaban*	29 days

9.	*September*	30 days	9.	*Ramadan*	30 days
10.	*Oktober*	31 days	10.	*Syawal*	29 days
11.	*November*	30 days	11.	*Zulkaedah*	30 days
12.	*Disember*	31 days	12.	*Zulhijah*	29 days

Note:

(1) The month of *Rabiulawal* is sometimes called *bulan Maulud,* the month in which Prophet Muhammad was born.

(2) The month of *Ramadan* is ofter called *bulan Puasa,* because during this month all devoted Muslims fast during the day time.

(3) The month of *Syawal* is also known as *bulan Raya Puasa.*

(4) The month of *Zulkaedah* is also known as *bulan Berapit,* because it falls between two Hari Raya months.

(5) The month of *Zulhijah* is also known as *bulan Raya Haji* or *bulan Haji,* because the pilgrimage at Mecca is performed during this month.

The Date

In expressing the date, the usual practice is to place the day first, then the month, finally the year. Immediately after the day the letters *hb.* is placed. It is the abbreviation of *haribulan* (day of the month). Example:

31st August, 1957	—	*31hb. Ogos, 1957*
2nd April, 1946	—	*2hb. April, 1946*
10th July, 1963	—	*10hb. Julai, 1963*
3rd May, 1975	—	*3hb. Mei, 1975*

Events in the Muslim Calendar

The following events which take place in the Muslim calendar are worthy of note:

1st Muharam	—	New Year's Day
10th Muharam	—	Asyura

12th Rabiulawal — Birthday of Prophet Muhammad
1st Syawal — Hari Raya Puasa (Hari Raya Aidilfitri)
10th Zulhijah — Hari Raya Haji (Hari Raya Aidiladha)

Words To Remember

NOUNS

kemerdekaan, independence
kesesakan jalan raya, trafic congestion
minit, minute
kilang, factory
masjid, mosque
ulangtahun, anniversary

VERBS

berbunyi, to make a sound; to strike (of a clock)
bersembahyang, to pray
dipadamkan, to be switched off
dinaikkan, to be raised
dipasang, to be switched on
diturunkan, to be lowered
lupa, to forget
mengelakkan, to avoid
merayakan, to celebrate

CONJUNCTION

oleh kerana, because
tetapi, but

CONVERSATION

A: *Awak bangun pada pukul berapa?*
B: *Saya bangun pada pukul enam.*

A: *Awak pergi ke pejabat pada pukul berapa?*
B: *Biasanya saya pergi ke pejabat pada pukul tujuh suku pagi.*

A: *Mengapa begitu awal? Kerja di pejabat bermula pada pukul berapa?*
B: *Kerja di pejabat bermula pada pukul lapan, tetapi kerana hendak mengelakkan daripada kesesakan jalan raya saya meninggalkan rumah awal.*

A: *Awak pulang pukul berapa?*
B: *Pada hari-hari lain saya pulang pada pukul empat suku, tetapi oleh kerana hari ini hari Sabtu, saya pulang pada pukul dua belas tiga suku.*

A: *Pada hari Isnin depan ini awak nak ke mana?*
B: *Ke mana lagi? Ke Stadiumlah. Bukankah hari itu hari ulangtahun kemerdekaan negara kita?*

A: *Oh, ya. Saya lupa!*
B: *Marilah kita pergi ke sana, merayakan Hari Kebangsaan kita. Bawalah anak-anak bersama.*

Exercise

Translate the following sentences into bahasa Malaysia. After you have written out all the sentences check with the correct translations below this exercise:

1. The MARA bus for Kota Bharu leaves Kuala Lumpur at half past six.
2. Lots of rain in the months of November, December and January.
3. He was born on Monday 8th December, 1957.
4. The first show starts at a quarter past seven.
5. January has 31 days, but February has 28 days only.
6. On Fridays Muslims go to the mosque to pray.
7. Usually I go to bed at ten o'clock.
8. The hottest month is July or August.
9. Office and factory workers do not work on Sundays.
10. When the clock strikes twelve (o'clock) the Union Jack (flag) was lowered, and the lights were switched off; and a minute later the lights were switched on again, and our National flag was raised.

Now check your sentences with the correct translations below:

1. *Bas MARA untuk (pergi) ke Kota Bharu meninggalkan Kuala Lumpur pada pukul enam setengah.*

2. *Banyak hujan turun dalam bulan November, Disember dan Januari.*
3. *Dia dilahirkan pada hari Isnin, 8hb. Disember, 1957.*
4. *Pertunjukan pertama bermula pada pukul tujuh suku.*
5. *Bulan Januari ada 31 hari, tetapi bulan Februari ada 28 hari sahaja.*
6. *Pada hari Jumaat orang-orang Islam pergi ke masjid untuk bersembahyang.*
7. *Biasanya saya masuk tidur pada pukul sepuluh.*
8. *Bulan yang panas sekali ialah bulan Julai atau bulan Ogos.*
9. *Pekerja-pekerja pejabat dan kilang tidak bekerja pada hari Ahad.*
10. *Apabila jam berbunyi pukul dua belas bendera Union Jack diturunkan dan lampu dipadamkan; seminit kemudian lampu-lampu dipasang semula dan bendera kebangsaan kita dinaikkan.*

LESSON 33

PERSONAL PRONOUNS — First and Second Persons

UP to now you have learnt only one word each for the first and second persons singular – *saya* and *awak*. In Lesson 4 you were told that there is about a dozen words each for the above Personal Pronouns. A few of these, of course, are used provincially, and few others by certain groups of people only.

It should be borne in mind that the proper use of Personal Pronouns in bahasa Malaysia (particularly in the first and second persons) is of paramount importance, and wrong use of such words, either intentionally or unintentionally could create unpleasantness or even anger of the person addressed. A person who cannot use the personal pronouns appropriately would be termed as *kurang ajar* or 'rude'. So be cautious!

Study carefully the following:

(i) The word *aku* is used by a superior to an inferior person, either in age or in social status, such as father to children, employer to employees, etc. It is also used by younger people who are intimate to each other; and in prayer. However, among members of refined society this word is considered as crude. Teachers would certainly avoid using it. The word *aku* is sometimes abbreviated to *ku*. The opposite of *aku* is *engkau*. Its abbreviation is *kau*.

A variant of *aku* is *daku*; and *engkau* is *dikau*. This form is used only in certain occassions.

Examples:

(a) *Kau panjat dan petik buah itu; biar aku kutip di bawah.*
You climb up and pluck the fruits; I'll gather them below.

(b) *Ya Allah! Ampunkanlah dosaku.*
Oh God! Forgive me my sins.

(ii) The word *hamba* which means slave, is a polite word and is used widely by people in Kelantan and Upper Perak. This word is also found in old literature books. Its opposite is *tuan*.

Examples:

(a) *Kalau Cik Mat nak pergi ke pantai hamba nak pergi sama.*
If you (Cik Mat) are going to the beach I would like to go too.

(b) *"Kasihanilah hamba wahai Dayang! Janganlah tuan hampakan permintaan hamba ini," Derma memujuk.*
"Do pity me oh Dayang! Please do not spurn my request," said Derma coaxing.

(iii) The word *hamba tuan* (your master's slave) is found in old literature books. This is becoming obsolete. Its opposite is *tuan*.

(iv) The word *hamba datuk* (the datuk's slave) is also becoming obsolete. It is sometimes used perhaps when one is addressing a '*Datuk Penghulu*' (village headman) in letterwriting. Its opposite is *datuk*.

Examples:

(a) *Bersama-sama ini hamba datuk sertakan sekeping pelan tanah yang datuk perlukan itu.*
Herewith I enclose a plan of the land which you required.

(v) The words *teman* (mate) and *kawan* (friend) are widely used by grown-up people in Perak and Johor respectively. Both are considered polite. The opposite of *teman* is *mika*, and *kawan* is *awak*.

Examples:

(a) *Tadi teman nampak anak mika di situ.*
Just now I saw your child there.

(b) *Kawan suka benar mendengar lagu itu.*
I like that tune very much.

(vi) The word *beta* is used when a ruler speaks to his brother ruler or to his subject. Its opposite is *sahabat beta*.

Examples:

(a) *Beta sukacita sekiranya sahabat beta menjawab warkah itu dengan seberapa segera.*
I shall be glad if you will give a reply to my letter as soon as possible.

(vii) The word *patik* is used when a commoner is addressing a member of the royal family. Its opposite is *tuanku* or *tengku* or *engku* and such other variants.

Examples:

(a) *Dengan ini patik berharap dapat tengku menperkenankan permohonan patik.*
I hope that you will grant my request.

(viii) The words 'I' (from English), (ix) *ana* (Arabic), and (x) *goa* (from Chinese) are much used in conversation by certain groups of people who were brought up through the respective educational institutions, or influenced by social environments. The opposites are *you, anta* and *lu* respectively. The continued use of these words are not conducive to the development of our language.

(ix) Another way to show politeness in the use of personal pronouns is by adopting the forms of address. A mother would address herself as *mak* (not *saya*) when talking to her own children, and *makcik* to her nephews and nieces and other people's children. The father would address himself as *ayah* or *abah* or *pak* or *bapak* (or whatever term his children call him) when talking to his own children, and *pakcik* to his nephews and nieces and other people's children.

Similarly, *kak* is used by the 'sister'; *abang* (or *bang* which is more endearing); by the 'brother'; *tok* by the 'grandfather'; and *nenek* by the 'grandmother'.

Examples:

(a) *Belajarlah rajin-rajin, nanti ayah belikan barang mainan.*
Study hard, I shall buy you a toy.

(b) *Jam tangan abang, Lan* simpan di dalam laci.*
I keep your watch in the drawer.

Note: *The boy calls himself by the short form of his personal name.

(x) When a child or even a grown-up person speaks to his parents he always addresses himself the way his parents call him, which, in most cases his pet name or the first or last syllable or last two syllables of his personal name.

Examples:

(a) *"Mak, mak! Di tengah jalan Mat nampak orang bergaduh," kata Ahmad kepada emaknya.*
"Mother, mother! On the way I saw people fighting," said Ahmad to his mother.

(xi) Some teachers address themselves as *cikgu* when talking to their pupils, while others prefer *saya.* Both are fine, but you as a student never address your teacher as *awak.* Don't be '*kurang ajar*!'

(xii) The opposite of *saya* is either *awak, saudara, saudari* or *anda.* The use of *awak* has been explained in Lesson 4. The word *saudara* (brother) is polite and used to persons who are about the same age of the speaker. *Saudari* (sister) is for the females. *Anda* can be used for both sexes. The use of *anda* is prevalent in writing.

Examples:

(a) *Ini buku saya, bukan buku saudara.*
This is my book, not yours.

(b) *Barang-barang itu akan saya serahkan kepada anda esok.*
I shall hand over those things to you tomorrow.

(xiii) The word *kamu* (you) is used both in the singular and in the plural. This is considered course, and therefore is reserved for the elders and those whose status is high in society. It is also used by younger people who are close to each other.

Examples:

(a) *"Kamu tidak dibenarkan pulang sebelum kamu menyudahkan kerja ini," kata Cikgu Ahmad.*
"You are not allowed to go home before you complete this work," said Cikgu Ahmad.

(b) *Kata Cikgu Salmah, "Apabila saya membaca kamu semua dengar baik-baik.*
Cikgu Salmah said, "When I am reading all of you listen carefully."

LESSON 34

PRONOUNS — Personal Pronouns used in Letter-Writing

IN letter-writing you have to use special words as personal pronouns. Study them carefully and don't forget to use them whenever you write letters:

Nature of letter	First person Pronoun, (Sender of letter)	Second person Pronoun, (receiver of letter)
Letter to friends or male acquaintances.	*saya*	*saudara*
Letter to friends or female acquaintances.	*saya*	*saudari*
Official or business letters.	*saya*	*tuan*
Letter to father, uncles or persons whose age is about the same as your father's age.	*anakanda*	*ayahanda*

Letter to sons, daughters, nephews or nieces.	*ayahanda* (for males) *bonda* (for females)	*anakanda*
Letter to elder brother, elder sister, male cousin, lover (male) or husband.	*adinda*	*kakanda*
Letter to younger brother, younger sister, female cousin, lover (female) or wife.	*kakanda*	*adinda*
Letter to grandfather or grandmother.	*cucunda*	*nenda*
Letter to grandchild.	*nenda*	*cucunda*

Note: The pronouns *kakanda* is sometimes contracted to *kanda; adinda* to *dinda;* and *cucunda* to *cunda.*

MODEL LETTERS

(a) Letter from a young man, who has just got a job in Kuala Lumpur, to his father who lives far away in the rural area:

Pejabat Cukai Pendapatan,
Bangunan Sulaiman,
Kuala Lumpur.
2hb. Jun, 1974.

Ke hadapan majlis ayahanda dan bonda yang dikasihi serta keluarga sekalian dengan selamatnya.

Dengan sukacitanya anakanda maklumkan bahawa anakanda telah mula bertugas di Pejabat Cukai Pendapatan yang anakanda nyatakan tempoh hari. Ramai kakitangan bekerja di pejabat ini. Dalam bahagian anakanda ada dua orang pegawai, enam orang pegawai kerani dan dua orang jurutaip.

Kami di sini mula bekerja pada pukul 8.15 pagi dan habis pada pukul 4.15 petang. Waktu makan dan rehat ialah dari pukul 12.45 hingga 1.45 petang. Anakanda makan tengah hari di kantin pejabat dan anakanda bersembahyang Zuhur di Masjid Negara. Pejabat anakanda itu letaknya tidak jauh dari Masjid Negara.

Anakanda berulang-alik ke pejabat dengan menaiki bas; tambangnya 25 sen sahaja. Ayahanda dan bonda janganlah bimbang apa-apa mengenai anakanda kerana anakanda akan menjaga diri anakanda baik-baik. Dodol yang bonda minta sampaikan kepada Makcik Rahmah itu telah pun anakanda berikan kepadanya. Dia mengucapkan berbanyak-banyak terima kasih.

Sambutlah salam mesra daripada anakanda yang jauh.

Anakanda yang kasih,
Azman Aziz.

Note: There are various ways of beginning a letter. It depends on the nature of the letter. '*Ke hadapan majlis*' literally means 'Before the presence' is suitable to parents and persons who deserve respects.

(b) Letter from a father to his daughter who is undergoing trainning at a college in Pulau Pinang.

Kampung Padang,
Enggor,
Perak.
16hb. Julai, 1974.

Anakanda Asmah yang dikasihi dengan selamatnya.

Surat anakanda bertarikh 11hb. Julai itu selamat ayahanda terima. Bersama-sama ini ayahanda kirimkan sekeping

Kiriman Wang No. AB 345789 bernilai $50 untuk kegunaan anakanda. Apabila anakanda terima surat ini silalah berikan jawapan.

Dengan bungkusan lain ayahanda ada mengirimkan dua buah buku yang anakanda perlukan itu. Ayahanda dan bonda berharap anakanda akan belajar bersungguh-sungguh kerana seperti yang anakanda nyatakan peperiksaan akan berlangsung tidak lama lagi.

Sekianlah ayahanda maklumkan.

Ayahanda yang benar,
Ahmad Yunus.

(c) Letter from a girl inviting her friend to go for a picnic:

109, Jalan 14/46,
Petaling Jaya,
Selangor.
1hb. Disember, 1974.

Saudariku Asmah,

Keluarga saya bercadang hendak pergi berkelah di Port Dickson pada hari Ahad hadapan bersamaan 8hb. Disember. Saya sukacita sekiranya saudari dapat pergi bersama-sama. Kami akan pergi dengan motokar, dan balik pada hari itu juga. Jika saudari ingin pergi silalah saudari datang ke rumah saya pada hari Sabtu ini.

Terimalah salam saya sekeluarga untuk saudari sekeluarga. Terima kasih.

Yang menunggu,
Halimah.

(d) Letter from a customer to a bookshop manager:

24, Jalan Besar,
Kuala Lumpur.
15hb. Jun, 1975.

Tuan Pengurus,
Utusan Publications & Distributors Sdn. Bhd.,
5 & 5A, Jalan Medan Tuanku,
Kuala Lumpur.

Tuan,

PER: KIRIMAN WANG NO. AC 075472

Bersama-sama ini saya kirimkan Kiriman Wang No. AC 075472 bernilai $60.40 sen.

Sila kirimkan kepada saya dengan seberapa segera buku-buku yang disenaraikan di bawah ini:

1.	*Bahasa Malaysia Untuk Kepujian*	*1 buah*
2.	*Bahasa Malaysia Tinggi*	*6 buah*
3.	*Di Penjuru Matamu*	*6 buah*
4.	*Masyarakat Melayu*	*10 buah*

Sekian dimaklumkan, terima kasih.

Yang benar,
Tan Kim Seng

LESSON 35

MORE CLASSIFIERS — *Helai; Pucuk; Bilah; Keping; Ketul; Buku; Kuntum; Pintu; Rawan*

IN Lesson 8 you have learnt five of the most commonly used 'Classifiers'. In this lesson another set of the most commonly used Classifiers is given, namely:

1. *Helai* (sheet or piece) is used for counting flat and thin objects such as paper (*kertas*), mats (*tikar*), clothing (*pakaian*), leaves (*daun*), etc., examples:
   dua helai tikar — two mats
   lima helai kemeja — five shirts
   tiga helai daun — three leaves
   sehelai saputangan — one handkerchief

2. *Pucuk* is used for fire-arms (*senjata api*), letters (*surat*), needles (*jarum*), examples:
   tiga pucuk senapang — three guns
   sepuluh pucuk surat — ten letters
   dua pucuk jarum — two needles

3. *Bilah* is used for bladed objects, such as knives (*pisau*), weapons (*senjata*) teeth (*gigi*) etc., examples:
   lima bilah pedang — five swords
   enam bilah pisau — six knives
   sebilah gigi — one tooth
4. *Keping* (piece) is used for flat thick objects such as planks (*papan*), biscuits (*biskut*) etc., examples:
   dua puluh keping papan — twenty planks
   empat keping biskut — four biscuits
5. *Ketul* is used for hard, lumpy objects usually of irregular shape, such as pebbles (*batu*), soap (*sabun*), etc., examples:
   dua ketul batu — two pebbles
   seketul sabun — a piece of soap
6. *Bentuk* is used for finger-rings (*cincin*) and fishing-hooks (*mata kail*), examples:
   tiga bentuk cincin — three rings
   lima bentuk mata kail — five-fishing-hooks
7. *Buku* (lump) is used for loaves of bread, examples:
   dua buku roti — two loaves of bread
8. *Kuntum* (blossom) is used for individual flowers, examples:
   enam kuntum bunga — six flowers
   [A bouquet of flowers is *seikat bunga*]
9. *Pintu* (door) is used for shop-houses or terrace houses, examples:
   empat pintu rumah kedai — four shop-houses
   dua pintu rumah deret — two terrace houses
10. *Rawan* is used for fishing-nets such as '*jala*' (casting net) examples:
   tiga rawan jala — three casting nets

Words To Remember

NOUNS

batu, stone
biskut, biscuit
cincin, finger-ring
daun, leaf
doktor gigi, dentist
duri, thorn
gandum, wheat
gigi, tooth
intan, diamond
jarum, needle
kertas, paper
lebah, bee
papan, plank
pakaian, clothes
perut, stomach
pokok, tree
rumah kedai, shop-house
sabun, soap
senjata, weapon
senjata api, fire arms
tepung, flour
tikar, mat
tilam, mattress
tunangan, fiance; fiancee

Exercise

Fill in the blanks in the following sentences with the correct Classifiers:

1. *Tiap-tiap sekotak mengandungi dua puluh.......... jarum.*
2. *Masa dia melawat bandar Bangkok tahun sudah dia membeli enam.......... pisau tembaga.*
3. *Di dalam tin itu didapati kira-kira 100.......... biskut.*
4. *Penjala itu melemparkan se.......... batu sebelum dia menebar jalanya.*
5. *Di jari manisnya tersarung se.......... cincin emas.*
6. *Anak dia sudah tumbuh dua.......... gigi.*
7. *Saya hendak membeli dua.......... tuala.*
8. *Bersama-sama surat itu dia menyertakan dua.......... gambar.*
9. *Se.......... bunga itu berharga 50 sen.*
10. *Dalam sebungkus ada dua belas.......... rokok.*

Translate the following sentences into bahasa Malaysia. After you have written out all the sentences check with the correct translation below this exercise:

1. My father received four letters this morning.
2. The dentist pulled out two of his bad teeth.
3. Every child got three biscuits.
4. Father bought two shirts and six handkerchiefs.
5. Please give me ten sheets of paper.
6. A new gun costs about $140.
7. There are five loaves of bread on the table.
8. The carpenter planed fifteen planks today.
9. Her fiance gave her a diamond ring.
10. My auntie bought two rubber mats yesterday.
11. The singer has two gold teeth.
12. The old fisherman has two fishing-nets.
13. In the drawer there are six needles.
14. Ali ate three biscuits every morning.
15. There are five pebbles in the basket.

Now check your sentences with the correct translations below:

1. *Bapa saya menerima empat pucuk surat pagi ini.*
2. *Doktor gigi mencabut dua batang gigi buruknya.*
3. *Tiap-tiap kanak-kanak mendapat tiga keping biskut.*
4. *Bapa membeli dua helai kemeja dan enam helai saputangan.*
5. *Tolong beri saya sepuluh helai kertas.*
6. *Sepucuk senapang baharu berharga kira-kira $140.*
7. *Di atas meja ada lima buku roti.*
8. *Tukang kayu mengetam lima belas keping papan hari ini.*
9. *Tunangnya memberi dia sebentuk cincin intan.*
10. *Emak saudara saya membeli dia sebentuk cincin intan.*
11. *Penyanyi itu ada dua batang gigi emas.*
12. *Nelayan tua itu ada dua rawan jala.*
13. *Di dalam laci ada enam batang jarum.*
14. *Ali makan tiga keping biskut tiap-tiap pagi.*
15. *Di dalam bakul ada lima ketul batu.*

LESSON 36

FORMS OF ADDRESS

WHEN we mention or write a person's name we usually prefix a certain word to his name, according to his social status or the respect to be accorded to him.

Below is a list of such words and when to use them:

1. *Encik,* is prefixed to the name of a male person of a high social status, or who deserves some respect. This word was originally used among the Malays only but now it is used universally. In writing it is often contracted to *En.*

   Examples:

   (a) *Kerani Besar pejabat J.K.R. itu bernama En. Mahmud Nordin.*
   The chief clerk of the J.K.R. office is En. Mahmud Nordin.

(b) *En. Lee Fan Chin, tuanpunya Syarikat Tenaga Baharu, berlepas ke Hong Kong semalam.*
En. Lee Fan Chin, proprietor of Syarikat Tenaga Baharu, left for Hong Kong yesterday.

(c) *En. Ramanathan menderma wang sebanyak $50 kepada Tabung Derma Perwira.*
En. Ramanathan donated $50 to the Heroes' Fund.

2. *Cik* is the counterpart of *Encik*. It is actually the abbreviation of *Encik*. It is used with a female person's name. In conversation it can be used for both male and female.

Examples:

(a) *Cik Lilawathi mengemukakan beberapa syor yang baik dalam mesyuarat itu.*
Cik Lilawathi put forward a number of good suggestions in the meeting.

(b) *Cik Sarjit Kaur dan Cik Nelly Tan sampai di rumah Cik Aisah kira-kira pada pukul 4.00 petang.*
Cik Sarjit Kaur and Cik Nelly Tan arrived at Cik Aishah's house at about 4.00 p.m.

3. *Tuan* is used with the names of male persons of higher social status. These include heads of government departments or private companies, adult persons who have made the pilgrimage and those people of the *Syed* clan. In correspondence this word can be used without any limitation. Its abbreviation is *Tn.*

Examples:

(a) *Di antara yang hadir di majlis makan malam itu termasuklah Tn. Michael de Sousa, Tn. Yap Him Kee, dan Tn. S. Arokiasami.*

Among those present at the dinner party include Tn. Michael de Sousa, Tn. Yap Him Kee, and Tn. S. Arokiasami.

(b) *Usul tersebut dikemukakan oleh Tn. Syed Salim bin Ahmad, dan disokong oleh Tn. Haji Khairuddin.*
The motion was put forward by Tn. Syed Salim bin Ahmad, and seconded by Tn. Haji Khairuddin.

4. *Puan,* is the counterpart of *Tuan,* and it is used for married ladies only. Its abbreviation is *Pn.*

Examples:

(a) *Pn. Bhupalan dipilih menjadi Yang Dipertua kelab kami, dan Pn. Salmah menjadi setiausahanya.*
Pn. Bhupalan was elected the President of our club, and Pn. Salmah the secretary.

(b) *Pn. Khatijah telah menetap di Johor Baharu.*
Pn. Khatijah has settled down in Johor Baharu.

5. *Si* is used with names of persons who is familiar with the speaker or who is young in age — irrespective of sex. Sometimes it is also used with names of persons who are advanced in age or high in social status, but with the intention of provocation or contempt.

Examples:

(a) *Si Musa dengan Si Timah datang dalam hujan.*
Musa and Timah came in the rain.

(b) *Kata budak-budak tu Si Gemuk jatuh dari pokok rambutan!*
The children said Fatty fell down from the rambutan tree!

Note: When used with a Proper Noun *Si* is written in capital, but with a Common Noun it is in small letter.

Examples:

(a) *Di dalam saku seluar si mati didapati wang empat puluh sen.*
In the dead person's trousers pocket was found forty cents.

(b) *Si miskin hidup merana; si buta berjalan teraba-raba.*
The poor lives in suffering; the blind walks gropingly.

6. *Sang,* in old literature books is used with names of respected persons, but now it is used with names of animals in animal stories. In this case it is equivalent to the English word Mr. Examples:

(a) *Sang Nata pun mula berburu di dalam hutan itu.*
Sang Nata then started hunting in the jungle.

(b) *Sedang Sang Belang berjalan-jalan di dalam hutan itu dilihatnya Sang Kancil duduk tercangkung dekat selonggok tahi kerbau.*
While Mr. Stripes was walking in the jungle he saw Mr. Mousedeer squatting near a heap of buffalo droppings.

(c) *Di tengah jalan Sang Kucing berjumpa dengan Sang Arnab.*
On the way Mr. Cat came across Mr. Rabbit.

7. *Datuk,* is used with names of persons who have been bestowed with the title of 'datukship'. The wife of a *datuk* takes the title *Datin.* It should be noted that a lady who got the title of *Datin* on her own right, her husband does not automatically take the title of *Datuk.*

Examples:

(a) *Datuk Abdul Manaf, P.M.N. telah dilantik menjadi ahli Suruhanjaya Gaji.*
Datuk Abdul Manaf, P.M.N. has been appointed a member of the Salary Commission.

(b) *Datin Rahmah mengikut suaminya, En. Salehuddin, ke England dengan kapal terbang pagi ini.*
Datin Rahmah accompanied her husband, En. Salehuddin, to England by plane this morning.

Besides *Datuk* and *Datin* there are other titles bestowed by the State, and these should be used accordingly.

8. *Pak* is the short form of *bapa* and used with names of persons whose age is about the age of the speaker's father. Its alternative is *pakcik*. This is equivalent ot the English word 'uncle'.

Examples:

(a) *Pak Kadir telah mengedarkan kad-kad jemputan perkahwinan anak perempuannya.*
Pak Kadir has sent out invitation cards for the wedding of his daughter.

(b) *Pakcik Sidin dilantik menjadi Pengerusi, Lembaga Pengurus, Sekolah Kebangsan Bukit Permai.*
Pakcik Sidin was appointed Chairman, Board of Managers, Sekolah Kebangsaan Bukit Permai.

9. *Mak* originates from the word *emak,* and is the counterpart of *pak.* Its alternative is *makcik.* The English equivalent is 'auntie'.

Examples:

(a) *Mak Minah telah berlepas ke Pulau Pinang.*
Mak Minah has left for Pulau Pinang.

(b) *Makcik Rahmah menyatakan bahawa tangan perempuan yang lembut itu boleh menggegarkan dunia.*
Makcik Rahmah said that the gentle hands of women could shake the world.

10. *Abang* is used with the name of a male person who is slightly older than you.

Examples:

(a) *Abang Rahmat belum sampai lagikah?*
Hasn't Abang Rahmat arrived yet?

(b) *Minggu hadapan Abang Ali hendak mendirikan rumah baharu di hadapan rumah lamanya.*
Next week Abang Ali wanted to erect a new house in front of his old house.

11. *Kak* is the counterpart of *Abang*. Examples:

(a) *Kak Timah telah menganjurkan kursus urusan rumahtangga untuk pemudi-pemudi kampung ini.*
Kak Timah has sponsored a domestic course for girls of the village.

(b) *Ujar Kak Salmah, "Jangan biarkan dia pergi."*
Kak Salmah said, "Don't let him go."

Words To Remember

NOUNS

kad, card
kerani besar, chief clerk
longgok, a heap
rumahtangga, home; domestic
seluar, trousers
syor, suggestion
tahi kerbau, buffalo droppings
teksi, taxi
tuanpunya, proprietor
usul, motion
saku, pocket

Yang Dipertua, President (of an organization)
setiausaha, secretary
Suruhanjaya Gaji, Salary Commission

VERBS

berburu, to go hunting
berlanggar, to collide
biarkan, to let
menderma, to donate
menggegarkan, to shake
menetap, to reside permanently
menganjurkan, to sponsor
mengemukakan, to put forward; to table (a motion)

ADJECTIVES

buta, blind
cermat, careful

ADVERBS

merana, suffering
teraba-raba, gropingly
tercangkung, squatting

CONVERSATION

Mak Bedah: *Ah Din! Bila kau sampai?*
Kamaluddin: *Baru sekejap, makcik.*
Mak Bedah: *Dengan apa kau datang?*
Kamaluddin: *Dengan teksi, makcik.*
Mak Bedah: *Tidaklah! Makcik dengar teksi sekarang ni selalu sangat berlanggar.*
Kamaluddin: *Oh, pemandu teksi yang Din naik ini cermat orangnya. Dia orang kampung kami.....Nah, makcik!.....* (giving something). *Pakcik mana? Kak Mah mana?*
Mak Bedah: *Apa ni?* (Receiving a packet) *Membawa*(1) *buah tangan! Pakcik kau pergi ke Ipoh, Kak Mah kau pergi belajar menjahit..... Apa khabar*(2) *emak dan ayah kau?*

Kamaluddin: *Khabar baik, makcik; mereka semua sihat.*
Mak Bedah: Duduklah! Sekejap lagi Kak Mah kau tu pulanglah.

Note:

(1) '*Buah tangan*' is an idiom which means: 'a present given by a visitor'.

(2) The word *dan* (and) between '*emak*' and '*ayah*' is optional.

LESSON 37

NOUNS — Singular and Plural

YOU have learnt that in bahasa Malaysia number is determined by the context. You have been told that if the plural is to be indicated, a Numeral, a Quantifier, or a Numeral with a Classifier is to be attached to the Noun. If the exact number is not stated the noun is reduplicated.

However, you should bear in mind that not all words which are reduplicated in form, are plural. Such words as *kanak-kanak, cita-cita, kupu-kupu, gula-gula,* and *anai-anai* are not plural. We have many words of this category. A short list is given below:

agar-agar, a sea-weed
angan-angan, thought, day-dream
anting-anting, an ear-ring
labi-labi, a river turtle
kura-kura, a tortoise
pundi-pundi, a purse
ondeh-ondeh, a kind of cake
bari-bari, a fruit-fly
biri-biri, a sheep
buli-buli, small bottle
kelip-kelip, a firefly
layang-layang, a kite
oleh-oleh, a souvenir
riang-riang, a cicada

The above words in sentences:

(a) *Arnab nampak kura-kura sedang merangkak dekat tebing sungai.*
A rabbit saw a tortoise crawling near the river bank.

(b) *Apabila kami masuk ke dalam hutan itu kami mendengar riang-riang hutan berbunyi di sana sini.*
When we entered the jungle we heard jungle cicadas whispering here and there.

(c) *Orang-orang di Pantai Timur suka bermain layang-layang.*
People in the East Coast like to play kites.

(d) *Kuih ondeh-ondeh dibuat daripada tepung pulut, bentuknya bulat, di dalamnya ada gula, dan di luarnya ditabur dengan kelapa parut.*
Ondeh-ondeh is made from glutinous flour, is round in shape with sugar inside, and scattered with scraped coconut outside.

A WORD TO INDICATE PLURALITY

There is a word which may be placed before a Noun to indicate Plurality. The word is *'para'*. It can be used only with certain nouns that refer to a group of persons.

Examples:

para pelajar	—	a group of students
para seniman	—	a group of artists
para guru	—	a group of teachers
para pendengar	—	a group of listeners
para penonton	—	a group of spectators
para wakil	—	a group of representatives
para peserta	—	a group of participants
para dermawan	—	a group of philanthropists
para hakim	—	a group of judges
para hadirin	—	a group of audience

para sasterawan — a group of writers
para pelancong — a group of tourists

Note:

(1) It would be wrong to say *dua orang para guru*. This is redundant. You should either say *dua orang guru* (two teachers), or *para guru* (the teachers, as a whole).

(2) It is also not usual to use the word *para* with people who deserve no respects, such as robbers (*penyamun*), thieves (*pencuri*), and traitors (*pengkhianat*).

Examples in sentences:

(a) *Para pelajar patutlah sedar bahawa kewajipan mereka bukan sahaja menuntut ilmu tetapi juga berkhidmat kepada negara.*
Students should realise that their responsibility is not only to seek knowledge but also to serve the country.

(b) *Para wakil ke persidangan itu semuanya telah sampai.*
All the delegates to the conference have arrived.

(c) *Apabila keputusan diumumkan para hadirin sekalian bertepuk tangan.*
When the result was announced all those present clapped their hands.

(d) *Para peserta dikehendaki membawa baju mandi masing-masing.*
Participants are required to bring their own swimsuits.

(e) *Jawatankuasa Pasar Ria mengucapkan terima kasih kepada para dermawan atas sumbangan mereka.*
The Fun Fair Committee thanked all the donors for their contribution.

Words To Remember

NOUNS

ikhtiar, ways and means
Kesatuan Sekerja, Trade Union
pendidikan, education
tanggungjawab, responsibility
waktu malam, night-time
waktu siang, day-time

MISCELLANEOUS

bagus, good
dengan sebulat suara, unanimously
sekeluarga, of the same family
terhadap, towards

Exercise

Translate the following sentences into bahasa Malaysia. After you have written out all the sentences check with the correct translations below this exercise:

1. Butterflies come out in the day-time; fireflies at night-time.
2. Tortoises and the river turtles are of the same family.
3. Since he was a child his ambition is to become a doctor.
4. Children like to eat sweets.
5. The judges (as a group) gave a decision unanimously.
6. This magazine is good for students (as a whole).
7. Teachers (as a whole) have heavy reponsibilities towards children's education.
8. Workers (as a whole) are advised to join a Trade Union.
9. PENA is an association for writers (as a whole).
10. We should find ways and means to draw tourists to our country.

Now check your sentences with the correct translations below:

1. *Kupu-kupu keluar pada waktu siang; kelip-kelip pada waktu malam.*
2. *Kura-kura dan labi-labi adalah sekeluarga.*

3. *Semenjak dia kanak-kanak cita-citanya ialah hendak menjadi doktor.*
4. *Kanak-kanak suka makan gula-gula.*
5. *Para hakim memberi keputusan dengan sebulat suara.*
6. *Majalah ini bagus untuk para pelajar.*
7. *Para guru mempunyai tanggungjawab berat terhadap pendidikan kanak-kanak.*
8. *Para pekerja dinasihatkan memasuki Kesatuan Sekerja.*
9. *PENA ialah sebuah persatuan untuk para penulis.*
10. *Kita hendaklah mencari ikhtiar (untuk) menarik para pelancong ke negara kita.*

LESSON 38

NOUN — Derivative Nouns

DERIVATIVE Nouns can be formed in several ways, namely by putting:

(i)	Prefix	*pe*
(ii)	Suffix	*an*
(iii)	Affix	*pe........an*
(iv)	Affix	*pe.......an*
(v)	Affix	*ke........an*

(i) Prefix *pe* can be attached to some Nouns, to some Verbs, and to a few Adjectives.

Examples:

Nouns	**Derivative Nouns**
kedai (shop)	*pekedai* (a shopkeeper)
ladang (farm)	*peladang* (a farmer)
kebun (garden)	*pekebun* (a gardener)
nasihat (advice)	*penasihat* (an adviser)
rokok (cigarette)	*perokok* (a smoker)

berita (news)	*pemberita* (a reporter)
derma (donation)	*penderma* (a donor)

Verbs	**Derivative Nouns**
baca (to read)	*pembaca* (a reader)
tulis (to write)	*penulis* (a writer or an author)
lari (to run)	*pelari* (a runner)
sapu (to sweep)	*penyapu* (a sweeper; a broom)
curi (to steal)	*pencuri* (a thief)
buka (to open)	*pembuka* (an opener)
dengar (to listen)	*pendengar* (a listener)
nyanyi (to sing)	*penyanyi* (a singer)
bungkus (to wrap)	*pembungkus* (a wrapper)
kayuh (to row)	*pengayuh* (an oar; a rower)

Adjectives	**Derivative Nouns**
besar (large)	*pembesar* (a high ranking person) an enlarger)
murah (generous; cheap)	*pemurah* (a generous person)
manis (sweet)	*pemanis* (a charm to render attraction)
tawar (tasteless)	*penawar* (an antidote)
panas (hot)	*pemanas* (a heater)
sejuk (cold; cool)	*penyejuk* (a cooler)
aman (peaceful)	*pengaman* (a peace-maker)

(ii) Suffix *an* can be attached to the roots of some Verbs.

Examples:

Verbs	**Derivative Nouns**
tulis (to write)	*tulisan* (writing)
minum (to drink)	*minuman* (a drink)
makan (to eat)	*makanan* (a food)
lawat (to visit)	*lawatan* (a visit)
nyanyi (to sing)	*nyanyian* (a song)
tarik (to pull)	*tarikan* (an attraction)

soal (to question)	*soalan* (a question)
jemput (to invite)	*jemputan* (an invitation)
cukur (to shave)	*cukuran* (a shave)
cium (to kiss)	*ciuman* (a kiss)
peluk (to hug)	*pelukan* (a hug)
pecah (to break)	*pecahan* (a fraction; fragments)

(iii) The affix *pe.......an* can be attached to Nouns, to the roots of many Verbs, and Adjectives.

Example:

Nouns	**Derivative Nouns**
air (water)	*pengairan* (irrigation)
rumah (house)	*perumahan* (housing)
erti (meaning)	*pengertian* (understanding)
nama (name)	*penamaan* (nomination)
satu (one)	*penyatuan* (unification)

Verbs	**Derivative Nouns**
pergi (to go)	*pemergian* (departure)
periksa (to examine)	*pemeriksaan* (investigation)
pilih (to select)	*pemilihan* (selection)
umum (to announce)	*pengumuman* (announcement)

Adjectives	**Derivative Nouns**
bersih (clean)	*pembersihan* (cleansing)
kotor (dirty)	*pengotoran* (pollution)
terang (bright)	*penerangan* (information)
jelas (clear)	*penjelasan* (clarification)

(iv) The affix *per.......an* can be attached to some Nouns and Verbs.

Examples:

Nouns	**Derivative Nouns**
sekolah (school)	*persekolahan* (schooling)
satu (one)	*persatuan* (association)

air (water)	*perairan* (waters)
jalan (road)	*perjalanan* (a journey)

Verbs	**Derivative Nouns**
kahwin (to marry)	*perkahwinan* (marriage)
cakap (to speak)	*percakapan* (talk)
lantik (to appoint)	*perlantikan* (appointment)
kelahi (to fight)	*perkelahian* (a fight)

(v) The affix *ke........an* can be attached to some Nouns, Verbs and Adjectives.

Examples:

Nouns	**Derivative Nouns**
menteri (minister)	*kementerian* (ministry)
wang (money)	*kewangan* (finance)
satu (one)	*kesatuan* (union)
manusia (human-being)	*kemanusiaan* (humanity)

Verbs	**Derivative Nouns**
naik (to ride)	*kenaikan* (means of transport)
lahir (to be born)	*kelahiran* (birth)
bakar (to burn)	*kebakaran* (a fire)
datang (to come)	*kedatangan* (arrival)
jatuh (to fall)	*kejatuhan* (fall; downfall)

Adjectives	**Derivative Nouns**
cantik (beautiful)	*kecantikan* (beauty)
maju (progressive)	*kemajuan* (progress)
berani (brave)	*keberanian* (bravery)
merdeka (free)	*kemerdekaan* (independence)
laju (fast)	*kelajuan* (speed)

Study the following sentences:

(a) *Pemberita-pemberita akhbar membuat laporan mengenai pelancaran Minggu Belia yang bermula semalam.*
Newspaper reporters made reports on the launching of Youth Week which began yesterday.

(b) *Syarikat perumahan itu mendapat keuntungan setengah juta ringgit tahun lepas.*
The housing company made a profit of half a million dollars last year.

(c) *Kemerdekaan membawa kemajuan dan kemakmuran kepada rakyat.*
Independence brought progress and prosperity to the people.

(d) *Kesatuan sekerja bukan untuk melancarkan mogok tetapi untuk menjaga kepentingan pekerja.*
Trade union is not for launching of a strike but to look after the interest of workers.

Words To Remember

NOUNS

bayi, baby
gelaran, title
kandungan ibu, mother's conception
kebajikan, welfare
kesihatan, health
ketika, moment; time
pahlawan, warrior
perhatian, attention
rawatan, medical attention
rancangan, programme

VERBS

bertanggungjawab, to be responsible
dianugerah, to bestow
dibunuh, to be killed
mengaturkan, to arrange
memandang berat, to look with a sense of responsibility
lancar, to launch
menunjukkan, to show
menyelamatkan, to save
seolah-olah, to seem
sambut, to celebrate; to receive

ADJECTIVES

berani, brave; daring
gila, mad
handal, smart; reliable
istimewa, special
sukacita, pleased; happy
takut, afraid

MISCELLANEOUS

bahkan, verily; certainly
menerusi, through
sentiasa, always
terhadap, towards

READING PASSAGE FOR COMPREHENSION

Hari Kanak-Kanak Sedunia

Hari Kanak-kanak Sedunia yang dilancàrkan dalam tahun 1954 oleh Pertubuhan Bangsa-Bangsa Bersatu, mula disambut di Malaysia dalam tahun 1959.

Semenjak itu, Malaysia menyambut hari tersebut dengan tetap dan Majlis Kebajikan Kanak-kanak Malaysia adalah bertanggungjawab mengaturkan rancangan-rancangannya.

Kerajaan kita memandang berat terhadap kebajikan kanak-kanak. Kesihatan kanak-kanak sentiasa diberi perhatian istimewa. Bahkan mulai dari bayi masih dalam kandungan ibunya, rawatan kesihatan diberi kepada bayi itu oleh ibunya.

Note:

Hari Kanak-kanak Sedunia	—	Universal Children's Day
Pertubuhan Bangsa-bangsa Bersatu	—	United Nations Organization
Majlis Kebajikan Kanak-kanak Malaysia	—	Children's Welfare Council of Malaysia

Translate the following passage into bahasa Malaysia. After you have written it out check with the correct translation below this exercise:

Hang Tuah, the Malay Warrior

Many years ago there lived a famous Malay warrior in Melaka named Hang Tuah. He was the son of a poor shopkeeper. From an early age (*dari kecil lagi*) he showed that he was a brave boy. He had four friends, named Hang Jebat, Hang Kesturi, Hang Lekir and Hang Lekiu.

Of the five Hang Tuah was the best (*handal sekali*) warrior. He was a very daring man and seemed to be afraid of nothing. One day he and his friends saved the Bendahara, Tun Perak, from being killed by four mad men. The Sultan was most pleased. Hang Tuah was bestowed the title of Laksamana.

Now check your translation with the one below:

Hang Tuah, Pahlawan Melayu

Beberapa tahun dahulu tinggal seorang pahlawan Melayu yang masyhur di Melaka bernama Hang Tuah. Dia ialah anak seorang pekedai yang miskin. Dari kecil lagi dia menunjukkan bahawa dia seorang budak yang berani. Dia ada empat orang kawan, bernama Hang Jebat, Hang Kesturi, Hang Lekir dan Hang Lekiu.

Daripada lima orang itu Hang Tuahlah pahlawan yang handal sekali. Dia seorang yang sangat berani dan seolah-olah tidak takut akan apa-apa. Pada suatu hari dia dan kawan-kawannya telah menyelamatkan Bendahara, Tun Perak, daripada dibunuh oleh empat orang gila. Sultan sangat sukacita. Hang Tuah telah dianugerahkan dengan gelaran Laksamana.

LESSON 39

VERBS — The Imperative; Suffix *kan*

IN this lesson you will learn how to form the Imperative in bahasa Malaysia. It is done as follows:

(i) Use Class 1 Verbs in their original form.

Examples:

(a) *Pergi!*
Go!

(b) *Awak duduk di sini!*
You sit here!

(c) *Jangan pulang sebelum pukul sepuluh.*
Don't go back before ten o'clock.

(ii) Drop the prefix *me* in Class ll Verbs.

Examples:

(a) *Basuh kain ini!*
Wash this cloth!

(b) *Halau lembu-lembu itu!*
Drive away those cows!

(c) *Jawab soalan ini jika (awak) boleh!*
Answer this question if you can!

(d) *Berus gigi (awak) tiap-tiap hari.*
Brush your teeth everyday.

(e) *Rotan budak jahat itu!*
Cane that naughty boy!

(iii) Keep the same form for Class lll Verbs.

Examples:

(a) *Berdiri di sini!*
Stand here!

(b) *Jangan berjalan di atas rumput.*
Don't walk on the grass.

(c) *Berjabat tangan dengan dia!*
Shake hands with him!

(iv) Drop the prefix *me* for Class lV Verbs.

Examples:

(a) *Tinggalkan surat-surat itu di atas meja.*
Leave the letters on the table.

(b) *Sampaikan salam saya kepadanya.*
Convey my greetings to him.

(c) *Susukan budak (bayi) ini.*
Feed this baby with milk.

(d) *Kosongkan bakul itu.*
Empty the basket.

In order to make the request polite or mild in form, the suffix *lah* is added. Examples:

(a) *Awak tidurlah di sini!*
You sleep here!

(b) *Balaslah surat abangmu itu!*
Reply your brother's letter!

(c) *Bersenamlah tiap-tiap pagi supaya badan kamu sentiasa sihat.*
Have physical exercise every morning so that you will keep healthy.

(d) *Keluarkanlah semua buah manggis itu supaya dapat kita kira.*
Take out all the mangosteens so that we can count them.

The Suffix *kan*

When the suffix *kan* is used with Verbs it also indicates 'a sort of a favour', that is the action is done for the sake of the speaker.

Observe the following sentences:

(a) *Awak hendak ke kedai? Belikan saya ubat batuk.*
Are you going to the shop? Buy me a cough mixture.

(b) *Bawakan saya segelas air.*
Bring me a glass of water.

(c) *Padamkan lampu itu; saya tak sampai suisnya.*
Put off the light for me; I can't reach the switch.

(d) *Bacakan surat ini; tulisannya halus benar.*
Read this letter for me; the writing is too fine.

The Words *Sila* and *Tolong*

In English you use the word 'please' if you want to be polite in making a request. In bahasa Malaysia *sila* or *tolong*, are used, but each has its own special meaning.

The word *tolong* is used when you get some 'benefit' out of the action; whereas *sila* you do not.

Study these sentences:

(a) *Sila kembalikan buku itu.*
Please return the book.

Tolong kembalikan buku itu.
Please return the book (for my sake).

(b) *Sila duduk.*
Please sit down.

Tolong duduk.
Please sit down (for my sake — because you are obstructing my view, perhaps).

(c) *Sila buka muka surat 47.*
Please turn to page 47.

Tolong bukakan tin ini.
Please open this tin (for me).

(d) *Sila bersihkan meja masing-masing.*
Please clean your own table.

Tolong bersihkan meja saya.
Please clean my table (for me).

Words To Remember

NOUNS

batuk, cough
bungkus, packet
salam, greetings
suis, switch

get, gate
muka surat, page
terima kasih, thanks
ubat batuk, cough mixture

VERBS

biar, to let
bangunkan, to wake up
berehat, to rest; to have a rest
kira, to count
nampaknya, to seem
rebus, to boil

ADJECTIVES

berat, heavy
berkunci, locked
letih, tired
sihat, healthy

CONVERSATION

Timah: *Mak!Mak! Makcik Esah datang!*

Emak: *Pergilah bukakan get tu!*

Timah: *Get tak berkuncikah, mak?*

Emak: *Tak berkunci, pergilah bukakan.*

Timah: *Baiklah, mak.*
(Timah membukakan get) Sila masuk, Makcik.

Makcik Esah: *Terima kasih. Mak kau buat apa?*

Timah: *Mak tengah (me) masak...... Apa Makcik bawa ni? Berat nampaknya!*

Makcik Esah: *Buah mangga ada; buah rambutan ada.*

Timah: *Bak Timah bawakan.*

Makcik Esah: *Timah bawa yang ini; biar Makcik bawa yang ini.*

Emak: *Ah, Kak Esah! Sila naik!*

Makcik Esah: *Terima kasih.*

Exercise

Translate the following sentences into bahasa Malaysia. After you have written out all the sentences check with the correct translations below:

1. Please sit on your own chairs.
2. Finish this work before you go home.
3. Don't bathe in this river; the water is dirty.
4. Place these fruits on the table.
5. Please buy me a packet of cigarettes.
6. Please boil these eggs for me.
7. When you are tired please have a rest.
8. Make me a kite, please.
9. Don't run here.
10. Please wake me up at five o'clock.

Now check your sentences with the correct translations below:

1. *Sila duduk di kerusi masing-masing.*
2. *Sudahkan kerja ini sebelum awak pulang.*
3. *Jangan mandi dalam sungai ini; airnya kotor.*
4. *Letakkan buah-buah ini di atas meja.*
5. *Tolong belikan saya sebungkus rokok.*
6. *Tolong rebuskan telur-telur ini.*
7. *Apabila awak letih sila (lah) berehat.*
8. *Tolong buatkan saya layang-layang.*
9. *Jangan berlari di sini.*
10. *Tolong kejutkan saya pada pukul lima.*

LESSON 40

VERB — Verbs of Emotion

THERE are certain words in the Verb Class which express emotion.

Examples of such words are:

benci	to hate
cemburu	to be jealous of
cinta	to love (with passion)
dengki	to envy
gemar	to be fond of
kasih	to love
ingin	to long for
marah	to be angry with
sayang	to love; to be fond of
suka	to like
takut	to be afraid of

When these words are used in sentences transitively (i.e. with an object) the word *akan* should be placed immediately after each word. In many cases the word *akan* is shortened to *kan* and joined to the Verb.

Observe the following examples:

(a) *Laila kasih akan Majnun*, or
Laila kasihkan Majnun.
Laila loves Majnun.

(b) *Dia marah akan (marahkan) saya, sebab saya lambat memulangkan bukunya.*
He is angry with me because I returned his book late.

(c) *Aminah sayangkan Busu, tetapi Busu bencikan Aminah.*
Aminah loves Busu, but Busu hates Aminah.

(d) *Jangan cemburukan kejayaan orang lain.*
Don't envy for other people's success.

(e) *Sayangkan anak tangan-tangankan; sayangkan bini tinggal-tinggalkan. (A Malay saying).*
If you love your child beat him; if you love your wife stay away from home. (occassionally!)

(f) *Marahkan pijat-pijat kelambu dibakar.*
(A Malay Proverb).
You are angry with the bed-bugs you burn the mosquito-net. (literally means: A man, angry with the children destroyed the whole house).

The above words can also be used as Auxilliary Verbs. In this case the word *akan* may be dropped.

Observe the following sentences:

(a) *Mereka suka melihat orang bermain gasing.*
They like to see people playing tops.

(b) *Saya benci mendengar kata-kata kotor seperti itu.*
I hate to hear such dirty words.

(c) *Orang Malaysia gemar makan masakan yang pedas-pedas.*
Malaysians like to eat hot-stuff (pungent) dishes.

(d) *Kami ingin membaca buku komik itu.*
We long to read that comic book.

(e) *Dia sayang meninggalkan kampungnya.*
He loathes to leave his village.

Words To Remember

NOUNS

bahagian, part
Belanda, Dutch
benua, continent
Eropah, Europe
gula-gula, sweets
hal-ehwal, affairs; matters
janji, promise
Kepulauan Melayu, Malay Archipelago
kurun, century
Perancis, French
pendapat, finding; opinion
pengembara, traveller
penghujung, end
penyelidikan, research
saudagar, merchant
sejarah, history
Tahun, A.D.
taraf, status
warganegara, citizen
zaman, time; era

VERBS

berhubung, to communicate
mengetahui, to know
berminat, to have interest
dengkikan, to envy
menepati (janji), to keep (promise)
menyatakan, to state

ADJECTIVES

barat, west; western
berlainan, different
gelap, dark
gembira, happy
jujur, sincere
rapi, thorough
selatan, south; southern
seluruh, all over
terkenal, well-known
terpelajar, educated

MISCELLANEOUS

mengenai, concerning
sangat, very much
tak pernah, never

READING PASSAGE FOR COMPREHENSION

Pendapat Seorang Pengembara Mengenai Bahasa Melayu

Pada penghujung kurun Masihi yang keenam belas seorang pengembara Belanda telah datang ke Timur ini bersama-sama dengan beberapa orang saudagar dari Eropah. Pengembara itu bernama Jan H. van Linschoten, seorang yang terkenal dalam sejarah Kepulauan Melayu.

Dia sangat berminat dalam hal-ehwal bahasa, dan setelah menjalankan penyelidikan yang rapi beliau telah memberi pendapatnya mengenai bahasa Melayu. Dia menyatakan bahasa Melayu pada zaman itu adalah sama tarafnya dengan bahasa Perancis di Eropah.

Orang-orang terpelajar di seluruh barat dan selatan benua Eropah mengetahui bahasa Perancis, kerana bahasa itulah yang digunakan oleh mereka yang berlainan bangsa untuk berhubung antara satu dengan lain.

Exercise

Translate the following sentences into bahasa Malaysia. After you have written out all the sentences check with the correct translations below:

1. Maria loves her mother very much.
2. A wife who is jealous of her husbang is never happy.
3. Children like to eat sweets.
4. A good citizen must love his country.
5. I am afraid of walking in the dark.
6. We all like to listen to Malay songs.
7. I hate him because he does not keep his promise.
8. Don't envy him; I know he is a sincere man.

9. If you like children; children will like you.
10. He is afraid of dogs; I am afraid of snakes.

Now check your sentences with the correct translations below:

1. *Maria sangat kasih akan ibunya.*
2. *Seorang isteri yang cemburukan suaminya tidak pernah gembira.*
3. *Kanak-kanak suka makan gula-gula.*
4. *Warganegara yang baik mesti kasih akan negaranya.*
5. *Saya takut berjalan dalam gelap.*
6. *Kami semua suka mendengar lagu-lagu Melayu.*
7. *Saya benci akan dia kerana dia tidak menepati janji (nya).*
8. *Jangan dengkikan dia; saya tahu dia orang jujur.*
9. *Kalau awak sukakan kanak-kanak; kanak-kanak akan sukakan awak.*
10. *Dia takutkan anjing; saya takutkan ular.*

LESSON 41

VERBS — Class Vll Verbs

THERE is another class of Verbs which you should learn — the Class Vll Verbs. These verbs contain the prefixes *men* and *per* and the suffix *kan*. They are formed from certain Class 1 Verbs, the roots of certain Class 1l and Class 1ll Verbs, a few Nouns and Adjectives.

Examples:

Class l	**Class Vll**
naik	*mempernaikkan,* to raise
hidup	*memperhidupkan,* to revalidate; to renew
lepas	*memperlepaskan,* to set free
Class ll	**Class Vll**
(men)jamu	*memperjamukan,* to feed sumptuously
(men)dengar	*memperdengarkan,* to make people listen

(me)lihat	*memperlihatkan,* to display; to manifest
(me)nyoal	*mempersoalkan,* to question
(me)nunjuk	*mempertunjukkan,* to demonstrate
(meng)hitung	*memperhitungkan,* to consider
Class III	**Class VII**
(ber)juang	*memperjuangkan,* to fight for
(ber)cakap	*mempercakapkan,* to talk about
(ber)giat	*mempergiatkan,* to activate.
(ber)dagang	*memperdagangkan,* to trade
(ber)bincang	*memperbincangkan,* to discuss
Nouns	**Class VII**
isteri (wife)	*memperisterikan,* to take as wife
suami (husband)	*mempersuamikan,* to take as husband
hamba (slave)	*memperhambakan,* to enslave
budak (child)	*memperbudakkan,* to treat as a child
sembah (present)	*mempersembahkan,* to present
Adjectives	**Class VII**
besar (large)	*memperbesarkan,* to enlarge
kecil (small)	*memperkecilkan,* to belittle
cepat (quick)	*mempercepatkan,* to speed up
cantik (beautiful)	*mempercantikkan,* to beautify
elok (good; fine)	*memperelokkan,* to improve
hebat (grand)	*memperhebatkan,* to intensify; to act vigorously

Examples in sentences:

(a) *Kebanyakan ahli <u>mempersoalkan</u> keuntungan yang diperolehi tahun lepas.*
Most of the members question the profits gained last year.

(b) *Kesatuan akan <u>memperjuangkan</u> nasib 3,000 orang pekerja kilang itu.*
The union will fight for the destiny of 3,000 workers of that factory.

(c) *Baginda telah membawa Nila Kesuma ke istananya lalu memperisterikannya.*
He (the King) brought Nila Kesuma to his palace and married her.

(d) *Beberapa badan berkanun telah ditubuhkan dengan tujuan untuk mempercepatkan projek-projek pembangunan negara.*
A number of statutory bodies were established with the object of speeding up the country's development projects.

The Passive Form

If the passive form is to be used you merely drop the prefix *me* and put *di* in its place.

Examples:

(a) *'Tarian Mak Inang' dipersembahkan oleh pelajar-pelajar Tingkatan V.*
'Tarian Mak Inang' was presented by students of Form V.

(b) *Lesen awak yang telah mati itu terpaksa diperhidupkan semula.*
Your expired licence has to be renewed again.

(c) *Banyak hasil negeri ini diperdagangkan di negara asing.*
Lots of this country's products are traded in foreign countries.

Words To Remember

NOUNS

acara, programme
baginda, he (ruler)
belia, youth (male)
beliawanis, youth (female)
firma, firm
fitnah, slander
masyarakat, society
nasib, destiny
pasukan, troupe; team
pameran, exhibition
perayaan, celebration
perbarisan, parade

Hari Kebangsaan, National Day
istana, palace
kaum, community
kebudayaan, culture
kemuncak, climax
lapisan, class
lesen, licence
peserta, participant
rancangan, project; programme
rugi, loss
tabik hormat, salute
tarian, dance
tentera, military
untung, profit
lukisan, drawing

VERBS

berarak, to march in procession
melintas, to march past; to go across

ADJECTIVES

asing, foreign
cergas, active
kemas, smart
menarik, interesting
raksasa, mammoth
sukarela, voluntary

ADVERBS

baru-baru ini, recently
dengan mudah, with ease
dengan sepenuhnya, fully
sepanjang jalan, along the road

READING PASSAGE FOR COMPREHENSION

Perayaan Hari Kebangsaan

Para belia dan beliawanis dari berbilang kaum telah memperlihatkan suatu perbarisan yang sungguh menarik di ibu negara, Kuala Lumpur baru-baru ini.

Mereka berarak bersama-sama dengan beberapa pasukan lain dalam acara kemuncak perayaan Hari Kebangsaan. Perbarisan raksasa yang mengandungi 10,000 orang yang mewakili semua lapisan kaum dan masyarakat itu bermula dari Stadium Merdeka.

Belia-belia yang berpakaian kemas berjalan cergas di sepanjang jalan yang telah ditetapkan. Semasa melintas di hadapan Duli Yang Maha Mulia Seri Paduka Baginda Yang di-Pertuan Agong mereka semua memberi tabik hormat kepada baginda. Perbarisan raksasa itu disertai juga oleh pasukan tentera, polis, kakitangan kerajaan dan pasukan sukarela.

Exercise

Translate the following sentences into bahasa Malaysia. After you have written out all the sentences check with the correct translations below:

1. You must renew this licence before you can drive again.
2. A culture troupe from Jakarta will demonstrate Indonesian dances tomorrow night.
3. The firm will trade in various goods, made from rubber.
4. Radio and TV Malaysia will present the programme once a week.
5. Don't belittle him; he can lift 100lbs. with ease.
6. The J.K.R. is beautifying our city for the National Day celebration.
7. I cannot fully understand what was discussed.
8. He was angry because he was treated like a child.
9. Profit and loss should be considered before the project is launched.
10. Many beautiful drawings are (were) displayed at the exhibition.

Check your sentences with the correct translations below:

1. *Awak mesti memperhidupkan lesen ini sebelum awak boleh memandu semula.*
2. *Suatu pasukan kebudayaan dari Jakarta akan mempertunjukkan tarian-tarian Indonesia malam esok.*
3. *Firma itu akan memperdagangkan berjenis-jenis barang yang dibuat daripada getah.*
4. *Radio dan TV Malaysia akan mempersembahkan rancangan itu seminggu sekali.*

5. *Jangan memperkecilkan dia; dia boleh mengangkat 100 paun dengan mudah.*
6. *J.K.R. sedang mempercantikkan bandaraya kita untuk perayaan Hari Kebangsaan.*
7. *Saya tidak faham dengan sepenuhnya apa yang diperbincangkan.*
8. *Dia marah kerana dia diperbudakkan.*
9. *Untung dan rugi hendaklah diperhitungkan sebelum projek itu dilancarkan.*
10. *Banyak lukisan indah dipertunjukkan di pameran itu.*

LESSON 42

VERBS — Class Vlll Verbs

THERE is one more class of verbs to be learnt. It is the Class Vlll Verbs. These verbs take the prefix *ber* and the suffix *an*. They are of two categories. The first category verbs indicate a sense of 'continuity' in the act, and sometimes with a sense of 'plurality' as well.

Examples:

berterbangan	to fly about
berkejaran	to chase about
berpanjangan	to go on
bergelimpangan	to be sprawling
berkeliaran	to roam about
bertaburan	to scatter about
berciciran	to drop about
berterusan	to go on unstoppingly
berlompatan	to jump about
bercakaran	to be at loggerheads
berdampingan	to be in close touch
berkekalan	to last

Examples in sentences:

(a) *Surat-surat di atas meja habis berterbangan.*
All the letters on the table were flown away.

(b) *Adalah diharapkan persahabatan kita akan berpanjangan.*
It is hoped that our friendship will last.

(c) *Mayat manusia bergelimpangan di medan perang.*
Dead bodies of men were sprawling in the battle-fields.

(d) *Kanak-kanak itu berlompatan kerana mereka mendapat cuti sehari esok.*
The children jumped here and there (or in groups) because they got one day holiday tomorrow.

(e) *Kita tidak akan berjaya dalam perjuangan jika kita bercakaran sesama sendiri.*
We shall not succeed in our fight if we are at loggerheads with each other.

(f) *Pada waktu malam binatang liar berkeliaran di dalam taman itu.*
At night-time wild animals roam about in the park.

The second category has the root reduplicated, and these verbs indicate reciprocal action with a sense of 'repetition' or 'intensity'.

Examples:

berpukul-pukulan	to beat each other repeatedly
bercium-ciuman	to kiss each other many times
bertangis-tangisan	to weep for one another with intensity
berkasih-kasihan	to love each other with intensity
bersalam-salaman	to shake hands with many people
bermusuh-musuhan	to be at enmity
bertolong-tolongan	to help each other
bertembak-tembakan	to shoot at one another repeatedly

Examples in sentences:

(a) *Pekerja ladang itu berpukul-pukulan kerana seekor lembu.*
The estate workers fought (hit each other) because of a cow.

(b) *Pelajar-pelajar itu bercium-ciuman dengan ibu-bapa dan sanak-saudara sebelum naik kapal terbang.*
The students and their parents and relatives were kissing one another before entering the plane.

(c) *Dua buah negara itu telah bermusuh-musuhan, selama hampir-hampir 20 tahun.*
The two countries have been at enmity with one another for almost 20 years.

(d) *Pasukan Keselamatan kita telah bertembak-tembakan dengan penjahat-penjahat di tepi hutan itu.*
Our Security Forces and the terrorists were shooting at one another on the fringe of the jungle.

Words To Remember

NOUNS

anak ayam, chicken
bekalan, provisions
bintang, star
bunyi, sound
celah, crevice
cuaca, weather
danau, pool
gagak, crow
keluang, flying fox
keping kertas, bit of paper
kuangkuit, pheasant
langit, sky
penonton, spectators
penyamun, robber
pondok, hut
rimba, primeval jungle
sentul, a jungle fruit
stesen, station
syarikat, company
tempat bersembunyi, hiding-place

VERBS

berkelip-kelipan, to twinkle
bermalam, to spend the night
bersahut-sahutan; calling and answering
mengerak, to caw
menuju, to go towards
merebahkan diri, (lit. to fall onself), to lie down
terlena, to be fast asleep
berpusu-pusu, surging forward

MISCELLANEOUS

lebat, plentiful
letih, tired
pula, again; then
agak, rather
di sekeliling, around

READING PASSAGE FOR COMPREHENSION

Pondok Di Tengah Hutan

Di tepi danau di tengah hutan itu ada sebuah pondok. Di situlah kami bermalam. Cuaca malam itu agak baik. Bintang di langit berkelip-kelipan. Setelah kami makan bekalan yang kami bawa itu kami pun merebahkan diri.

Sebentar kemudian kami dengar binatang-binatang hutan berlari-larian dan berkejar-kejaran di luar pondok menuju ke danau itu. Apabila kami melihat keluar dari celah-celah dinding pondok itu kami nampak binatang-binatang itu berpusu-pusu menuju ke danau itu. Mereka minum air di situ. Anak-anak binatang berlompat-lompatan di sekeliling ibu mereka.

Apabila kami memandang ke atas pula kami nampak banyak keluang berterbangan di sekeliling sebatang pokok sentul yang sedang lebat buahnya.

Jauh di tengah rimba kami dengar pula bunyi burung kuangkuit bersahut-sahutan. Kami berasa sangat takut, tetapi oleh kerana tersangat letih kami pun terlena.

Exercise

Translate the following sentences into bahasa Malaysia. After you have written out all the sentences check with the correct translations below. See that every verb contains the prefix *ber* and suffix *an*:

1. The fruits which he carried dropped about in the street.
2. The two companies are always in close touch.
3. Our friendship will last.
4. After the show the spectators roam about in the town.
5. Bits of paper are scattered in the station.
6. When they met they shook hands.
7. They love each other like lovers in story books.
8. The police and the robbers were shooting at each other for an hour.
9. When they heard the crow cawed the chickens ran away for a hiding-place.
10. The people in the village are always helping each other.

Now check your sentences with the correct translations below:

1. *Buah-buahan yang dibawanya berciciran di jalan.*
2. *Dua buah syarikat itu sentiasa berdampingan.*
3. *Persahabatan kita akan berkekalan.*
4. *Selepas pertunjukkan itu penonton-penonton berkeliaran di dalam pekan.*
5. *Keping-keping kertas bertaburan di dalam stesen itu.*
6. *Apabila mereka berjumpa mereka bersalam-salaman.*
7. *Mereka berkasih-kasihan seperti sepasang kekasih dalam buku-buku cerita.*
8. *Polis dan perompak telah bertembak-tembakan selama sejam.*
9. *Apabila mereka mendengar burung gagak itu mengerak, anak-anak ayam itu berlarian mencari tempat bersembunyi.*
10. *Orang-orang di kampung itu sentiasa bertolong-tolongan.*

LESSON 43

DERIVATIVE ADJECTIVES

MANY words from other parts of speech such as Nouns, Verbs, etc. can be used as Adjectives. These words are called Derivative Adjectives.

Examples:

Nouns

meja besi	—	steel desk (table)
piala emas	—	gold cup
susu tepung	—	powdered milk
benang sutera	—	silk thread
kaki kayu	—	wooden leg
kotak rokok	—	cigarette box
tin coklat	—	chocolate tin
harga getah	—	rubber price
cawan kopi	—	coffee cup
minyak kereta	—	motor oil

Note: The underlined words are the Adjectives.

Nouns with the prefix *ber*

peristiwa bersejarah	—	historical event
pemuda bersemangat	—	spirited youth
jalan berbatu	—	metalled road
pokok berbunga	—	flowering plant
kawasan berbukit	—	hilly area
buah berair	—	juicy fruit
rumah berderet	—	terrace house

Verbs (with and without prefixes)

meja tulis	—	writing table
lampu tidur	—	sleeping lamp
jalan naik	—	up-going road
peraduan menyanyi	—	singing contest
bilik menunggu	—	waiting-room
waktu bekerja	—	working hours
perpustakaan bergerak	—	mobile library
nenas berkupas	—	skinned pineapple
bahan bercetak	—	printed matter
siaran terbatas	—	limited circulation
barang-barang terkawal	—	controlled goods
rahsia terbuka	—	open secret
penghormatan terakhir	—	last respects

Examples in sentences:

(a) *Piala emas itu di hadiahkan oleh Tan Sri Abdul Malik.*
The gold cup was donated by Tan Sri Abdul Malik.

(b) *Kain itu dibuat daripada benang sutera yang cantik.*
The cloth is made from beautiful silk thread.

(c) *Kalau harga getah naik orang-orang desa akan bergembira.*
If the rubber price goes up rural people will be happy.

(d) *Rumah hartawan-hartawan itu terletak di suatu kawasan berbukit.*
The rich people's houses are located in a hilly area.

(e) *Kerajaan bercadang hendak mengadakan lebih banyak lagi perpustakaan bergerak untuk kanak-kanak desa.*
The government planned to have more mobile libraries for rural children.

(f) *Sebuah meja tulis terletak di sudut bilik itu.*
A writing-table is placed in the corner of the room.

(g) *Dalam peraduan menyanyi yang diadakan minggu lepas Aminah mendapat hadiah kedua.*
In a singing contest held last week Aminah got the second prize.

Words To Remember

NOUNS

darihal, about
dunia, world
ganda, fold
janda, widow
kemuncak, top; summit
lif, lift; elevator
menteri luar, foreign minister
majlis, party; occassion
orang dewasa, adult
orang ramai, public
perkahwinan, marriage
persidangan, conference
permukaan, surface; level
restoran, restaurant
sekitar, surrounding
teropong, binoculars

VERBS

berada, to be present
berfikir, to think
bersiar-siar, to stroll about
membina, to build
memerlukan, to need

MISCELLANEOUS

bagus, good
jelas, clear
sekitar, surrounding
bahawa, that
mungkin, perhaps
ialah, is; are

READING PASSAGE FOR COMPREHENSION

Bangunan Empire State

Pembaca-pembaca tentu telah mendengar darihal Empire State Building ataupun telah melihat gambarnya. Empire State Building ialah bangunan yang tertinggi di dunia. Tinggi bangunan ini ialah 1,250 kaki dari permukaan jalan raya. Tinggi bangunan Parlimen kita ialah 250 kaki. Jadi, berapa kali gandakah tinggi Empire State Building? Saya pernah menaiki lif bangunan itu dan dalam beberapa minit sahaja telah sampai ke kemuncaknya. Di kemuncaknya ada sebuah restoran kecil dan sebuah studio. Di keliling restoran ini ada kawasan untuk bersiar-siar dan ada beberapa buah teropong yang berkaki dan boleh dipusing-pusingkan terletak di situ. Dengan memasukkan wang 20 sen kita boleh melihat bandar New York dan kawasan sekitarnya dengan lebih jelas. Pada masa itu masing-masing mungkin berfikir bahawa dia sedang berada di tempat yang paling tinggi di dunia!

(Extracted from 'Dari Kuala Lumpur ke Amerika Syarikat')

Exercise

Translate the following sentences into bahasa Malaysia. After you have written out all the sentences check with the correct translations below this exercise:

1. He keeps his money in a chocolate tin.
2. Those steel desks are made in a factory at Shah Alam.
3. Powdered milk is good not only for children but also for adults.
4. We need 300 coffee cups for the party.

5. Pineapples, mangoes and mangosteens are juicy fruits.
6. The sleeping lamp is placed near his bed.
7. The working hours of that factory is from 8.00 a.m. to 12.00 noon, and from 2.00 p.m. to 6.00 p.m.
8. The company will build more terrace houses for the public.
9. His marriage with the young widow is an open secret.
10. The Islamic Foreign Ministers' Conference in Kuala Lumpur was a historical event.

Now check your sentences with the correct translations below:

1. *Dia menyimpan wangnya di dalam tin coklat.*
2. *Meja-meja besi itu dibuat di sebuah kilang di Shah Alam.*
3. *Susu tepung bagus bukan sahaja untuk kanak-kanak tetapi juga untuk orang dewasa.*
4. *Kami memerlukan 300 cawan kopi untuk majlis itu.*
5. *Nenas, mangga dan manggis adalah buah-buahan berair.*
6. *Lampu tidur itu terletak dekat katilnya.*
7. *Waktu bekerja kilang itu ialah dari pukul 8.00 pagi hingga 12.00 tengah hari, dan dari pukul 2.00 petang hingga 6.00 petang.*
8. *Syarikat itu akan membina lagi rumah berderet untuk orang ramai.*
9. *Perkahwinannya dengan janda muda itu adalah satu rahsia terbuka.*
10. *Persidangan Menteri-menteri Luar Islam di Kuala Lumpur itu adalah suatu peristiwa bersejarah.*

LESSON 44

ADVERB PHRASE

YOU know that an Adverb Phrase is a group of words that does the work of an Adverb. An Adverb Phrase, like an Adverb, modifies a Verb, an Adjective or another Adverb.

Examples:

Adverb Phrase of Manner

dengan tiba-tiba	—	with suddenness; suddenly
dengan berani	—	with courage (bravery)
dengan tidak bijak	—	without wisdom
dengan pantas	—	with swiftness
dengan cantik	—	in a beautiful style
dengan lemah-lembut	—	in a gentle manner
tanpa syarat	—	without condition
dengan fasih	—	with eloquence
dengan tulus ikhlas	—	with sincerity
mengikut jalan darat	—	by land route
dengan tergesa-gesa	—	with an impulse; impulsively
dengan perasaan sedih	—	with a feeling of sadness

Adverb Phrase of Time

pada suatu ketika — at one time
pada suatu masa — once upon time
pada zaman dahulu — long ago
baru-baru ini — at a recent date; recently
dengan secepat mungkin — as soon as possible
hingga ke akhir hayat — till the end of one's life
dari detik ini — from this moment
hingga larut malam — till late at night

Adverb Phrase of Place

di tempat itu — at the place
ke tempat lain — to another place
ke negara asing — to a foreign country
di pinggir hutan — at the edge of the jungle
di tengah lautan — in the middle of the ocean
di seluruh negara — all over the country
di sekitar bandaraya — all round the city

Examples of Adverb Phrase in sentences:

(a) *Dengan tiba-tiba semua lampu di dalam dewan itu padam.*
Suddenly all the lamps in the hall went off.

(b) *Orang yang beradab sopan bergerak dan bercakap dengan lemah-lembut.*
A well-mannered person moves and speaks in a gentle manner.

(c) *Mereka bercadang hendak pergi ke Mekah mengikut jalan darat.*
They intend to go to Mecca by land route.

(d) *Pada suatu ketika dia bekerja sebagai buruh di Jabatan Telekom.*
At one time he was working as a labourer in the Telecoms Department.

Menteri Pertanian dan Perikanan melawat kampung kami baru-baru ini.
The Minister of Agriculture and Fisheries visited our village recently.

(f) *Budinya tidak akan aku lupa hingga akhir hayatku.*
I will not forget his kindness till the end of my life.

(g) *Dia mendirikan sebuah pondok di pinggir hutan itu.*
He erected a hut at the edge of the jungle.

(h) *Hari Kebangsaan dirayakan di seluruh negara.*
National Day was celebrated all over the country.

(i) *Dia tinggal di sini dahulu; tetapi sekarang dia telah berpindah ke tempat lain.*
He lived here before; but now he has moved to another place.

Words To Remember

NOUNS

askar, soldier
dewasa, adult
gol, goal
gua, cave
jambatan, bridge
pangkat, rank; grade
pantai, beach
perahu, boat
permainan, game
senjata api, fire-arms

VERBS

anggap, to consider
dirobohkan, to be pulled down
lepas, to release; to set free
memberitahu, to tell
menjaringkan, to score (goal)
menyaksikan, to watch
naik pangkat, to be promoted
terumbang-ambing, to sway about

MISCELLANEOUS

rendang, leaf (of trees)
larut malam, late at night
siapa-siapa, anybody
tanpa, without

Exercise

Column 1	Column 2
1. *Askar-askar kita telah berjuang melawan penjahat*	*dengan secepat mungkin.*
2. *Encik Jackson sekarang bukan sahaja boleh bertutur bahasa Malaysia*	*detik ini.*
3. *Saya berharap dapat tuan menjawab surat saya*	*di tengah laut.*
4. *Awak dianggap sebagai seorang dewasa mulai*	*dengan berani.*
5. *Dari tepi pantai kami nampak sebuah perahu terumbang-ambing*	*di sekitar bandaraya.*
6. *Tidak lama lagi pokok-pokok rendang akan*	*dengan fasih.*

Translate the following sentences into bahasa Malaysia. After you have written out all the sentences check with the correct translations below this exercise:

1. The Perak team scored the third goal in a beautiful style.
2. The man was released without condition.
3. Impulsively he left the place without telling anybody.
4. When you receive the money please come to my house as soon as possible.
5. He was promoted recently.
6. The bridge will be closed till the end of this week.
7. Firearms have been found in the cave.

8. Spectators stood around the field to watch the game.
9. Ten houses which were put up illegally were pulled down.
10. He worked till late at night.

Now check your sentences with the correct translations below:

1. *Pasukan Perak menjaringkan gol yang ketiga dengan cantik.*
2. *Orang itu dilepaskan tanpa syarat.*
3. *Tanpa memberitahu siapa-siapa, dia meninggalkan tempat itu dengan tergesa-gesa.*
4. *Apabila awak terima wang itu sila datang ke rumah saya dengan seberapa segera.*
5. *Dia dinaikkan pangkat baru-baru ini.*
6. *Jambatan itu akan ditutup hingga akhir minggu ini.*
7. *Senjata api telah dijumpai di dalam gua itu.*
8. *Penonton-penonton berdiri di keliling padang kerana hendak menyaksikan permainan tersebut.*
9. *Sepuluh buah rumah yang didirikan secara haram telah dirobohkan.*
10. *Dia bekerja hingga larut malam.*

LESSON 45

MORE DERIVATIVE ADJECTIVES

ONE more way of forming Adjectives is by affixing the prefix *ke* and suffix *kan* to a few Nouns and some 'colour' or 'taste' words. For the 'colour' and 'taste' words it is often reduplicated.

Examples:

keemasan	—	golden
kedaerahan / *kenegerian*	—	provincial
kebudak-budakan	—	childish
kemerah-merahan	—	reddish
keputih-putihan	—	whitish
kehijau-hijauan	—	greenish
kekuning-kuningan	—	yellowish
kebiru-biruan	—	bluish
kehitam-hitaman	—	blackish
kepahit-pahitan	—	bitterish
kemasam-masaman	—	sourish
kemanis-manisan	—	sweetish

Examples in sentences:

(a) *Sekarang awak ada peluang keemasan untuk melanjutkan pelajaran.*
Now you have a golden opportunity to further your studies.

(b) *Apabila buah itu masak warnanya kemerah-merahan.*
When the fruit is ripe it is reddish in colour.

(c) *Umurnya sudah lebih 20 tahun tetapi kelakuannya masih kebudak-budakan.*
His age is more than 20 years but his behaviour is still childish.

(d) *Air laut itu biru kehijau-hijauan.*
The sea-water is greenish blue.

(e) *Rambut kawan saya perang kemerah-merahan.*
My friend's hair is reddish brown.

(f) *Air nira itu manis kemasam-masaman.*
The palm juice is sourish sweet.

(g) *Katanya ubat itu kepahit-pahitan.*
He said that the medicine is bitterish.

Adjectives with the word '*yang*'

A few Derivative Adjectives, when used attributively, should be preceded by the word *yang*. Examples:

Used attributively	**Used predicatively**
(a) *Kejayaannya yang mengagumkan telah memberi harapan baik untuk masa depannya.* His astonishing success gives hope to his future.	*Kejayaan yang telah dicapainya mengagumkan.* The success he has achieved is astonishing.

(b) *Nasihat-nasihat yang menggalakkan dihargai oleh pelajar-pelajar itu.*
Encouraging advice is appreaciated by the students.

Kerjasama yang telah diberi setakat ini sangat menggalakkan.
The cooperation given so far is very encouraging.

(c) *Berita yang mendukacitakan itu jangan disampaikan kepadanya.*
Do not convey the sad news to him.

Perbuatannya itu sungguh mendukacitakan.
His action is most regretted.

Adjectives formed from English words

A good number of English Adjectives have gone into bahasa Malaysia vocabulary. They are slightly modified to conform with the approved spelling system.

Examples:

Bahasa Malaysia		**English**
demokratik	—	democratic
realistik	—	realistic
fanatik	—	fanatic
dramatik	—	dramatic
sistematik	—	systematic
automatik	—	automatic
diplomatik	—	diplomatic

Examples in sentences:

(a) *Pengajaran sistematik hendaklah selalu diamalkan.*
Systematic teaching should be carried out always.

(b) *Sebagai sebuah negara demokratik perniagaan bebas adalah digalakkan.*
As a democratic country free trade is encouragaed.

(c) *Sebuah loceng automatik telah dipasang di kilang itu.*
An automatic bell has been installed at the factory.

Adjectives before Nouns

There are a few Adjectives which are placed before Nouns. See examples below:

bakal pengarah	—	future director
bekas guru	—	former teacher
perdana menteri	—	prime minister
ketua pengarang	—	editor-in-chief

Examples in sentences:

(a) *En. Lim ialah bakal pengarah syarikat kita.*
En. Lim is the future director of our company.

(b) *Perdana Menteri sesebuah negara adalah seperti seorang nakhoda kepada sebuah kapal.*
The Prime Minister of a country is like a captain to a ship.

Words To Remember

NOUNS

huma, (dry) rice-field
jurutera, engineer
langkah, steps
lereng, slope
pahitnya, bitterness
perhubungan, ties
rumah panjang, long-house
sentimen, sentiment
ufuk, horizon
zaman, era

VERBS

dibuai, to be swayed
dihidang, to be served (with food)
disira, to be coated
dijamu, to be entertained with food
terputus, severed
berkunjung, to visit

MISCELLANEOUS

bebas, free
demikian, so; like that
jeruk, preserved
luas, extensive
sedikit, a bit; a little
saujana mata memandang, as far as the eyes can see

READING PASSAGE FOR COMPREHENSION

Berkunjung Ke Rumah Panjang

Kami sampai di rumah panjang itu setelah berjalan kira-kira setengah jam. Di lereng bukit di belakang rumah panjang itu kami nampak kawasan huma yang luas, saujana mata memandang. Buah padi yang sedang masak kelihatan kuning keemasan dibuai-buai angin.

Kami dipersilakan masuk lalu dijamu dengan kuih-muih dan sejenis minuman. Saya rasa minuman itu manis tetapi kemasam-masaman. Sungguhpun demikian oleh kerana terlalu dahaga kami telah minum air minuman itu hingga habis.

Satu daripada kuih-muih yang dihidangkan ialah kerepek ubi kayu. Potongannya kasar-kasar dan tebal-tebal. Rasanya kepahit-pahitan sedikit tetapi oleh kerana ia disira dengan gula maka tidaklah terasa sangat pahitnya. Apabila saya makan kerepek itu teringatlah saya kepada adik dan kakak di kampung.

Exercise

Translate the following sentences into bahasa Malaysia. After you have written out your sentences check with the correct translations below:

1. His provincial sentiment is very strong.
2. The flower is yellowish white in colour.
3. En. Roslan has been appointed as editor-in-chief.
4. The sky on the western horizon turned reddish yellow.
5. Realistic steps should be taken early.

6. The medicine is a bit bitterish.
7. He is a former engineer of Lembaga Letrik Negara.
8. The golden era of that country is over.
9. These preserved fruits taste sweet.
10. Diplomatic ties have been severed.

Now check your sentences with the correct translation below:

1. *Sentimen kedaerahan (kenegerian)nya sangat kuat.*
2. *Bunga itu putih kekuning-kuningan warnanya.*
3. *En. Roslan telah dilantik menjadi ketua pengarang.*
4. *Langit di ufuk barat menjadi kuning kemerah-merahan.*
5. *Langkah-langkah yang realistik patut diambil segera.*
6. *Ubat itu kepahit-pahitan sedikit.*
7. *Dia ialah bekas jurutera Lembaga Letrik Negara.*
8. *Zaman keemasan negara itu telah tamat.*
9. *Buah-buahan jeruk ini manis rasanya.*
10. *Hubungan diplomatik telah terputus.*

LESSON 46

THE PREFIX *se*

THE prefix *se* has a number of functions. It can be attached to Nouns, Adjectives and Verbs.

When it is attached to Nouns,

(a) it expresses the meaning of 'one'. Examples:

seorang	—	one person
sehari	—	one day
seringgit	—	one dollar
sepertiga	—	one-third

(b) it expresses the meaning of 'at the same', 'of the same' or 'in the same'. Examples:

semeja	—	at the same table
sebaya	—	of the same age
sepejabat	—	in the same office
sekampung	—	in the same village

(c) it expresses the meaning of 'whole' or 'all over'. Examples:

seluruh negara	—	whole country
segenap lapangan	—	every field
sepanjang jalan	—	all along the road
sekitar kawasan	—	all round the area

(d) it expresses the meaning of 'during'. Examples:

sewaktu itu	—	during that time
semasa perang	—	during the war
seketika itu	—	during that moment

When attached to Adjectives,

(a) it expresses the meaning of 'as ..... as'. Examples:

sepandai dia	—	as clever as he
sejauh itu	—	as far as that
setinggi pokok	—	as high as a tree

(b) it expresses the meaning of 'with'. Examples:

sebenarnya	—	with truthfulness; actually
sesungguhnya	—	with truth; in all truth
sepatutnya	—	with fairness; fittingly
sewajarnya	—	rightly

(c) with the Adjectives reduplicated it expresses the meaning of 'however .....'. Examples:

sepandai-pandai	—	however clever
sekaya-kaya	—	however rich
sesukar-sukar	—	however difficult
sebesar-besar	—	however large
semurah-murah	—	however cheap

(d) When the suffix *nya* is further added it expressed the meaning of 'as ..... as possible'. Examples:

berlari sepantas-pantasnya	—	to run as fast as possible
makan sebanyak-banyaknya	—	to eat as much as possible
bekerja sekeras-kerasnya	—	to work as hard as possible

When attached to Verbs (only a few Verbs take this prefix),

(a) it expresses the meaning of 'as soon as'. The suffix *nya* is often attached. Examples:

setibanya di Ipoh — as soon as he arrived in Ipoh
sekembalinya dari Mekah — as soon as he returned from Mecca

The following words do not indicate specific functions:

seseorang — someone
sesuatu — something
sekiranya — if by any chance
sememangnya — naturally; by nature
sebarang — any
selain daripada itu — besides that
sekehendak hatinya — in accordance with his wish

Examples in sentences:

(a) *Gajinya sehari $4.50*
His wage per day is $4.50.

(b) *Asmah dan Zainab bekerja sepejabat dan tinggal serumah.*
Asmah dan Zainab work in the same office and live in the same house.

(c) *Sekitar kawasan itu telah dibersihkan.*
All round the area has been cleaned.

(d) *Bangunan itu setinggi pokok kelapa.*
That building is as high as a coconut tree.

(e) *Sepandai-pandai tupai melompat, kadang-kadang jatuh juga ke tanah.*
However clever the squirrel jumps (from tree to tree) he sometimes falls to the ground. (A Proverb)

(f) *Dia berlari sepantas-pantasnya tetapi dapat ditangkap oleh polis.*
He ran as fast as he cound but he was caught by the police.

(g) *Setibanya di Ipoh dia terus pergi ke Pejabat Pelajaran.*
As soon as he arrived in Ipoh he went straight to the Education Office.

(h) *Seseorang yang hendak menaiki keretapi dikehendaki membeli tiket terlebih dahulu.*
Anyone who wants to go up the train (i.e. travel by train) is required to buy a ticket first.

Words To Remember

NOUNS

adab-tertib, manners; discipline
hati, heart
perhubungan, link
kumpulan, group
lembing, javelin
undang-undang, law
masyarakat, society
perang, war
peraturan, rule
kehidupan, life
perkelahian, fight
puak, clan; tribe
manusia, human being
novel, novel
tugas, function; duty

VERBS

diedarkan, to be distributed
kawal, to control
melicinkan, to smoothen
mentadbirkan, to administer
pimpin, to guide

ADJECTIVES

kucar-kacir, disorder
maka, then; so
memuaskan, satisfactory
tertentu, definite
mustahak, necessary; essential
pendiam, quiet; reserved
sesuatu, certain

READING PASSAGE FOR COMPREHENSION

Undang-undang dan Tugasnya

Di mana juga manusia tinggal atau bekerja mereka mesti menurut sesuatu peraturan. Kumpulan atau masyarakat mereka itu hendaklah dikawal dan dipimpin dengan baik. Untuk menjalankannya maka mustahaklah diadakan peraturan-peraturan yang tertentu. Kumpulan orang yang dikatakan itu termasuklah sesuatu keluarga, sesuatu puak, sesebuah kampung, sesebuah bandar atau sesebuah negara.

Dalam keluarga atau dalam perhubungan kita dengan orang lain, setengah daripada peraturan-peraturan itu kita namakan adab-tertib yang baik. Dalam mentadbirkan sesebuah bandar atau sesebuah negara peraturan-peraturan itu kita namakan undang-undang.

Kamu tentu bersetuju iaitu jika pemain-pemain dalam sesuatu permainan tidak mengikut undang-undang yang telah ditetapkan maka permainan itu tidak akan dapat berjalan dengan cara yang memuaskan bahkan akan menjadi kucar-kacir, dan boleh menyebabkan perkelahian. Oleh yang demikian itu dalam kehidupan dan pekerjaan kita dengan orang-orang lain sehari-hari pun mestilah sentiasa menurut undang-undang untuk melicinkan perjalanan kehidupan dan pekerjaan kita.

Exercise

Translate the following sentences into bahasa Malaysia. After you have written out your sentences check with the correct translations below:

1. One-third of the students are girls.
2. We ate at the same table.
3. The magazine is now distributed to the whole country.
4. During the war I worked as a teacher.
5. Can you throw the javelin as far as that.
6. In all truth that is the best novel in our time (era).
7. He worked as hard as he possible could to pass his examination.

8. As soon as he returned from London he opened a tailor shop.
9. If you want something please let me know by writing (a letter).
10. He is by nature quiet, but good-hearted (his heart is good).

Now check your sentences with the correct translations below:

1. *Sepertiga daripada pelajar-pelajar itu perempuan.*
2. *Kami makan semeja.*
3. *Majalah itu sekarang diedarkan ke seluruh negara.*
4. *Semasa perang saya bekerja sebagai guru.*
5. *Bolehkah awak melempar lembing sejauh itu?*
6. *Sebenarnya itulah novel yang paling baik di zaman kita.*
7. *Dia berusaha seberapa keras untuk lulus peperiksaan.*
8. *Sekembalinya dari London dia membuka sebuah kedai jahit.*
9. *Jika awak hendak sesuatu sila beritahu saya dengan menulis surat.*
10. *Dia sememangnya pendiam, tetapi hatinya baik.*

LESSON 47

AFFIXES

UP to now you have learnt nearly all the important prefixes and suffixes. Before you come to the end of the course you should learn a few more of them.

Suffix *lah*

One of the functions of the suffix *lah* is to emphasise the meaning of the words to which it is attached, whether it is a noun, verb, adjective or adverb.

Examples:

(a) *Saya fikir durianlah buah yang sedap sekali.*
I think durian is the most delicious fruit.

(b) *Kalau awak hendak ambillah!*
If you want take it!

(c) *Cantiklah gambar itu.*
The picture is beautiful.

(d) *Perlahan-lahanlah sikit!*
Move slowly please!

The suffix *lah* is also used to balance the sentence, that is to make the sentence more readable.

Examples:

(a) *Beberapa tahun kemudian ramailah orang tinggal di situ.*
Some years later many people came to live there.

(b) *Dengan membaca dan bertutur tiap-tiap hari maka dia pun pandailah berbahasa Melayu.*
By reading and speaking everyday he became conversant in the Malay language.

(c) *Datanglah bila-bila lapang.*
Do come whenever you are free.

Suffix *tah*

This suffix is very seldom used. It indicates a 'half-question'.

Examples:

(a) *Apatah daya kita orang miskin.*
What can we do as we are poor.

(b) *Manatah keberanianmu?*
Where is your courage?

Suffix *nya*

This suffix has at least three functions:

Examples:

(i) It is used as a personal pronoun in the third person.

Examples:

(a) *Beri wang ini kepadanya.*
Give this money to him.

(b) *Ahmad menyimpan wangnya di dalam tabung.*
Ahmad keeps his money in a money-box.

(c) *Katanya dia akan datang.*
He said that he would come.

Note: As *nya* is merely an affix, it cannot be used as a subject.

(ii) When attached to an adjective or an adverb it lays emphasis on that word.

Examples:
(a) *Amboi, besarnya ular!*
Oh, how big the snake is!

(b) *Lebatnya hujan!*
How heavy the rain is!

(c) *Pantasnya budak itu berlari!*
How fast the boy runs!

(iii) When attached to certain nouns it turns the nouns into possessive or an adverb.

Examples:

khabarnya	—	its news or the news is
nampaknya	—	its look or the look is
akhirnya	—	its end, or finally
mulanya	—	its beginning or at first
asalnya	—	its origin, or originally
malangnya	—	its misfortune or unfortunately

Examples in sentences:
(a) *Khabarnya kapal angkasa itu telah mendarat di bulan.*
According to the news the spaceship has landed on the moon.

(b) *Hari nak hujan nampaknya.*
It looks it's going to rain.

(c) *Malangnya dia tidak dapat menyertai rombongan ke Pulau Pangkur itu.*
Unfortunately he was not able to join the party to Pulau Pangkur.

Prefix *juru*

This prefix *juru* (which means 'skilled workman') is attached to a number of words to form nouns which refer to 'experts' in a certain field.

Examples:

jurutiap	—	typist
juruhebah	—	announcer
juruterbang	—	pilot
jururawat	—	nurse
jurubahasa	—	interpreter
jurutera	—	engineer
jurulatih	—	trainer
juruukur	—	surveyor
jurumudi	—	steersman

Prefix *tata*

The prefix *tata* (meaning 'system' or 'method') is attached to a few nouns.

Examples:

tatabahasa	—	grammar
tatabuku	—	book-keeping
tatarakyat	—	civics
tatatertib	—	discipline

Suffixes *wan* and *wati*

The suffix *wan* is affixed to a number of nouns and adjectives to form words which refer to 'persons'. The suffix *wati* is for the feminine, but it is used with very few words.

Examples:

angkasawan	—	astronaut
relawan	—	volunteer
wartawan	—	journalist
sasterawan	—	literary man
hartawan	—	wealthy person
dermawan	—	philanthropist
jutawan	—	millionaire
pragawati	—	model
relawati	—	woman volunteer
seniwati	—	actress

Words To Remember

NOUNS

banjaran, mountain range
beliau, he; she
ekspedisi, expedition
jiwa, life
kala, time
keberanian, courage
kecekalan, steadfastness
kejayaan, success
kemuncak, summit; top
kepahitan, bitterness
keputusan, decision; result
Kutub Selatan, South Pole
lautan, ocean
pendaki gunung, mountaineer
penderitaan, suffering; hardship
pelayar, navigator
pengembara, traveller
penjelajah, explorer
perasaan, feeling
petua, rule; guide
rakit, raft
serba-serbi, everything
zaman silam, past age

VERBS

berpandukan, to take guidance from
kekurangan, to lack
memijak, to step upon
menanggung, to endure
menempuh, to pass through
mengalami, to experience
menghilir, to go down stream
menjejakkan, to set foot
terkorban, to be perished

mendaki, to climb (mountain)
terancam, to be threatened
menjelajah, to travel about; to explore

ADJECTIVES

berhasil, fruitful
cekal, stout-hearted
menakutkan, fearful
pahit-getir, bitter
sedap, delicious

READING PASSAGE FOR COMPREHENSION

Genggam Bara Api Biar Sampai Jadi Arang
(A Proverb)*

Kita telah mendengar berbagai-bagai cerita keberanian dan kejayaan yang telah dicapai oleh pelayar-pelayar dan pengembara-pengembara di zaman silam. Beberapa orang pelayar Eropah telah berjaya menjelajah negeri-negeri yang jauh bahkan mengelilingi dunia dengan menempuh lautan-lautan besar dengan kapal-kapal kecil yang kurang serba-serbinya.

Pelayar-pelayar itu telah mengalami berbagai-bagai penderitaan pahit-getir dan juga yang menakutkan. Adakalanya jiwa mereka sendiri terancam. Tetapi dengan kecekalan hati ketua-ketua mereka dan dengan berpandukan petua"Genggam bara api biar sampai jadi arang" itu maka tujuan dan cita-cita mereka telah berhasil.

Roald Amundsen, seorang penjelajah Norway yang telah mengambil bahagian dalam beberapa ekspedisi ke kawasan Lautan Antartic telah menanggung berbagai-bagai kepahitan hidup. Sungguhpun akhirnya dia telah terkorban, beliau telah berjaya memijak bumi di Kutub Selatan dalam tahun 1911 dengan perasaan gembira dan puas hati.

Edmund Hillary seorang pendaki gunung bangsa New Zealand, pula telah berjaya mendaki Gunung Everest yang tingginya lebih daripada 29,000 kaki itu. Dengan hati yang cekal lagi berani beliau telah berjaya menjejakkan kakinya di kemuncak gunung yang paling tinggi di dunia.

Exercise

Translate the following sentences into bahasa Malaysia. After you have written out all the sentences check with the correct translations below:

1. He washes his car everyday.
2. Ali said that he reached the top of the hill in 20 minutes.
3. What a hot day, today!
4. Finally they decided to go downstream in a raft.
5. She seems tired.
6. Neil Armstrong, the American spaceman, was the first man *(manusia)* to set foot on the moon.
7. Millionaires may live in large and beautiful houses, but they may still lack something.
8. Abdul Rahim Kajai is the father of Malay journalists.
9. "If your work is finished do whatever you like," said his mother.
10. Its leaves are useful and its fruits are delicious.

Now check your sentences with the correct translations below:

1. *Dia membasuh keretanya tiap-tiap hari.*
2. *Kata Ali (Ali berkata) dia sampai di kemuncak bukit itu dalam 20 minit.*
3. *Panasnya hari ini!*
4. *Akhirnya mereka mengambil keputusan menghilir dengan rakit.*
5. *Nampaknya dia letih.*
6. *Neil Armstrong, angkasawan Amerika itu, ialah manusia pertama menjejakkan kaki di bulan.*
7. *Jutawan-jutawan mungkin tinggal di rumah-rumah besar dan (lagi) cantik, tetapi mereka mungkin masih kekurangan sesuatu.*

8. *Abdul Rahim Kajai ialah bapa wartawan-wartawan Melayu.*
9. *"Jika kerja kau dah habis buatlah apa-apa kau suka," kata emaknya.*
10. *Daunnya berguna dan buahnya sedap.*

LESSON 48

REDUPLICATION

A word may be reduplicated either completely or partially. In complete reduplication the whole word or the 'stem' is repeated. In partial reduplication only a syllable or a few letters are repeated.

Reduplication may occur with Nouns, Verbs or Adjectives. You have learnt in Lesson 1 that at times a Noun is reduplicated to indicate plurality.

An adjective is reduplicated to indicate emphasis or intensity or to turn it into an Adverb.

Examples:

(a) *Semua anak kucing itu hitam-hitam belaka.*
(Emphasis)
All the kittens are black.

(b) *Kebanyakan bangunan di bandar itu tinggi-tinggi.*
(Emphasis)
Many of the buildings in that city are tall.

(c) *Hiris timun itu nipis-nipis.*
(Adverb)
Slice the cucumber into thin pieces.

A Verb is reduplicated to indicate repetition or continuity.

Note: Only the 'stems' are repeated.

Examples:
(a) *Mari kita pergi minum-minum di restoran itu.*
Let's go and have drinks at that restaurant.

(b) *Apabila saya soal dia, dia menggaru-garu kepalanya.*
When I questioned him, he scratched his head.

(c) *Roda itu dipusing-pusingnya.*
He turned the wheel (several times).

(d) *Mereka berjalan-jalan di tepi laut itu.*
They strolled along the beach.

Below are examples of partial reduplications.

NOUNS

gunung-ganang	mountains
bukit-bukau	hills
rumput-rampai	grasses
sampah-sarap	rubbish
gerak-geri	movements
kacau-bilau	disturbance

ADJECTIVES

hitam-legam	very black
gelap-gelita	pitch dark
tawar-hambar	totally tasteless
terang-benderang	bright and clear

ADVERBS

lambat-laun	sooner or later
senang-lenang	in comfort
simpang-perenang	in all directions
lintang-pukang	topsy-turvy

Examples in sentences:

(a) *Melalui tingkap kapal terbang saya dapat melihat gunung-ganang di banjaran Alps itu.*
Through the window of the aeroplane I could see the mountains in the Alps.

(b) *Apabila lampu-lampu itu dipadamkan seluruh bandar menjadi gelap-gelita.*
When the lights were switched off the whole city was in total darkness.

(c) *Saya tahu lambat-laun dia akan berjaya.*
I knew that sooner or later he would succeed.

(d) *Sekarang dia hidup senang-lenang bersama isteri dan tiga orang anaknya.*
Now he lives comfortably with his wife and three children.

(e) *Apabila saya masuk ke dalam bilik itu saya dapati segala kerusi meja di dalamnya lintang-pukang.*
When I entered the room I found that all the chairs and tables in the room are topsy-turvy.

Words To Remember

NOUNS

balai, station
banjaran, mountain range
bijih timah, tin-ore
cukai, tax
dalil, proof
orang Portugis, the Portuguese
panglima, hero; military leader
perang, war
perusahaan, industry
riwayat, story

garam, salt
gerak-geri, movement
jumlah, total
kandang, cage; pen; sty
kuala, estuary
orang Belanda, the Dutch
sejarah, history
suatu, a; an; one
sup, soup
tempoh, time
timah, tin
timun, cucumber

VERBS

berburu, to go hunting
bubuh, to put
hiris, to slice
jalankan, to carry out
melombong, to mine
memungut, to collect
menawan, to conquer
mendarat, to land
mengawal, to control
perhatikan, to observe

MISCELLANEOUS

iaitu, that is
istimewa, special
kira-kira, about
melalui, through
seberang, across
senang-lenang, in comfort
tawar-hambar, totally tasteless
tersebut, mentioned

READING PASSAGE FOR COMPREHENSION

Riwayat Bijih Timah

Ahli-ahli sejarah berpendapat bahawa pekerjaan melombong bijih timah di Tanah Melayu telah dijalankan lebih daripada 300 tahun lamanya. Apabila orang Portugis mendarat di Melaka, iaitu setelah menawan bandar tersebut di bawah panglima perang mereka yang bernama Alfonso d'Albuquerque dalam tahun 1511, mereka dapati bahawa orang-orang Melayu Melaka ada menggunakan keping-keping wang yang diperbuat daripada timah.

Kemudian apabila orang-orang Belanda menawan Melaka daripada orang Portugis dalam tahun 1641, mereka mendirikan balai-balai cukai di kuala Sungai Perak dan di kuala

Sungai Selangor untuk mengawal dan memungut cukai bijih timah yang dibawa keluar melalui sungai-sungai tersebut.

Ini suatu dalil menunjukkan bahawa kira-kira 300 tahun dahulu bijih timah telah dilombong orang di negeri Perak dan di negeri Selangor, dan perusahaan tersebut mungkin telah dijalankan oleh orang-orang Melayu sahaja kerana pada tempoh itu jumlah orang-orang Cina di negeri ini sedikit benar.

Exercise

Translate the following sentences into bahasa Malaysia. After you have written out all the sentences check with the correct translations below:

1. All the durians are large.
2. Please speak clearly.
3. They went there to have a look at the animals in the cage.
4. Rubbish in the town is collected every morning.
5. His movements are watched by the police.
6. The soup is totally tasteless because the cook forgot to put salt.
7. He worked hard when he was young; now he lives in comfort.
8. They went hunting in the hills across the river.
9. When the lights (lamps) are put on the hall was bright and clear.
10. The expensive shirts are kept in special boxes.

Now check your sentences with the correct translations below:

1. *Semua buah durian itu besar-besar.*
2. *Sila cakap terang-terang.*
3. *Mereka pergi ke situ untuk melihat-lihat binatang di dalam kandang itu.*
4. *Sampah-sarap di dalam bandar itu dipungut tiap-tiap pagi.*
5. *Gerak-gerinya diperhatikan oleh polis.*

6. *Sup itu tawar-hambar kerana tukang masak terlupa membubuh garam.*
7. *Dia bekerja keras semasa muda; sekarang dia hidup senang-lenang.*
8. *Mereka pergi berburu di bukit-bukau di seberang sungai itu.*
9. *Apabila lampu-lampu terpasang (dipasang). dewan itu menjadi terang-benderang.*
10. *Kemeja yang mahal-mahal disimpan dalam kotak-kotak istimewa.*

Appendix A

LIST OF CLASS I VERBS

ada, to be present
azan; bang to call to prayer
balik, to return
bangun, to get up
baring, to lie down
batuk, to cough
berak, to defecate
bocor, to leak
buat, to do
bongkas, to uproot
bunting, to be pregnant
cambah, to germinate
campur, to mix; to total up
campur tangan, to take part; to interfere
dapat, to get, to obtain
datang, to come
diam, to live; to keep quiet
duduk, to sit
fikir, to think
gelak, to laugh
gering, to be sick (of royalty)
getak; gugur to drop (prematurely)
hamil, to conceive
hanyut, to drift; to float
hidup, to be alive
hilang, to be missing
hinggap, to alight
ingat, to remember
ingkar, to break a pledge
jadi, to become
jatuh, to fall
kandas, to fail, to run aground
keluar, to go out
kembali, to return
kembang, to pen out (of flowers)
kencing, to urinate
kentut, to fart
ketawa, to laugh
kuncup, to close up (of flowers)
lahir, to be born
lari, to run away
lepas, to set free
lulus, to pass
lupa, to forget
luruh, to fall
maju, advance
mandi, to bathe
mangkat, to die (of royalty)
mara, to advance
mari, to come
masuk, to enter
mati, to die
muak, to feel boredom
mula, to begin
muncul, to emerge
mundur, to go backwards

muntah, to vomit
naik, to rise; to go up
nampak, to see (to be visible)
patah, to break (of long objects)
pecah, to break (into fragments)
percaya, to believe
pergi, to go
pengsan, to faint; to swoon
pitam, to feel dizzy
pulang, to return
putus, to be severed
rebah, to fall (aslant)
rukuk, to bow the head in prayer
sakit, to be sick
salam, to turn the head to the right and left at the end of a prayer
solat, to pray
sampai, to arrive
santap, to eat (of royalty)
sedawa, to belch
sekah, to break (of branch of tree)
sembahyang, to pray
senyum, to smile
singgah, to stop on the way
sudah, to finish
surut, to ebb
sujud, to prostrate in prayer
tampil, to come or to step forward
taubat, to repent
tenggelam, to sink
terbang, to fly
terbit, come out
terjun, to jump down
tertawa, to laugh
tiba, to arrive
tidur, to sleep
timbul, to be afloat
tinggal, to live; to remain
tiris, to leak through
tumbang, to fall lengthwise
tumbuh, to grow
tumpah, to spill
turun, to retreat
wujud, to exist
yakin, to be certain

Appendix B

IDIOMATIC EXPRESSIONS

Here is a short list of idiomatic expressions in bahasa Malaysia. This is considered sufficient for your present study. You will notice that all the expressions are made of up two words. Examples are given for every expression, and these should help you to comprehend their meanings and to use them later on in sentences of your own.

1. *anak angkat,* adopted child

   Oleh kerana En. Ahmad dan isterinya Puan Aminah tidak mempunyai anak, mereka telah mengambil seorang anak saudara Puan Aminah sebagai anak angkat.

2. *anak buah* (1) one's descendants or of his relatives (2) the people under the charge of a headman or chief

   (a) *Dalam majlis kenduri itu hampir semua anak buah Pak Hamid hadir.*

   (b) *Tok Penghulu telah berpakat dengan anak buahnya untuk mendirikan sebuah surau secara gotong-royong.*

3. *anak bulan,* the new moon

   Beberapa orang pegawai dari Majlis Agama telah berlepas ke Teluk Kemang untuk melihat anak bulan bagi menentukan bermulanya bulan puasa.

4. *anak emas,* an employer's favourite

   Dalam masa enam bulan sahaja Rani telah dinaikkan

pangkat kerana dia bukan sahaja cekap bekerja tetapi adalah anak emas pengurus kilang itu.

5. *air mati*, boiled water
   Selepas ubat ini ditelan minumlah sedikit air mati.

6. *ajak-ajak ayam*, insincere invitation
   Saya tidak datang ke majlis itu kerana pelawaannya itu ajak-ajak ayam sahaja; dia menjemput saya di tengah jalan!

7. *batu api*, instigator
   Dialah batu api dalam perkara itu; kalau tidak kerana dia perkara itu sudah pun selesai.

8. *batu loncatan*, a stepping stone
   Dia menerima jawatan itu sebagai batu loncatan sahaja; dari situ senanglah dia mendapat jawatan yang lebih baik.

9. *berat mulut*, quiet; reserved
   Si Hasan tu berat mulut orangnya; kalau tak ditegur dia tidak akan bercakap.

10. *berat teliga*, hard of hearing
    Kalau awak nak bercakap dengan dia terpaksa kuat-kuat sikit kerana dia tu berat telinga.

11. *berbulan madu*, to spend honeymoon
    Perbuatan berbulan madu dengan pergi ke suatu tempat yang jauh selepas berkahwin adalah tiruan dari kebudayaan asing.

12. *berlair-lari anak*, half-running; half walking
    Kami nampak Mak Timah berlari-lari anak ke buruh senja tadi, mungkin kerana mencari anaknya.

13. *berpeluk tubuh*, to sit back
    Kita tidak boleh berpeluk tubuh lagi; kita mesti mengambil bahagian dalam rancangan pembangunan negara.

14. *bertikam lidah*, to engage in heated argument
    Seorang ahli pembangkang bertikam lidah dengan seorang penyokong kerajaan dalam mesyuarat itu semalam.

15. *besar hati*, delighted; to feel proud
    Pakcik Rahman berasa besar hati kerana anak perempuannya Asmah telah lulus peperiksaan akhirnya di Universiti Malaya.

16. *besar kepala*, proud
    Semua orang tahu mandor itu besar kepala; seolah-olah dialah pengurus syarikat.

17. *buah hati*, a lived one
    Katanya dia bersedia berkorban apa saja demi kepentingan buah hatinya.

18. *buah mulut*, topic of conversation
    Peristiwa anak perempuan Pak Mutu lari dari rumah telah menjadi buah mulut penduduk kampung itu.

19. *buah tangan*, something brought by a visitor as a gift for those visited.
    Apabila Rahmah menziarahi anak saudaranya di hospital dia membawa beberapa biji buah epal dan anggur sebagai buah tangan.

20. *buang air besar*, to defecate
    Penduduk yang tinggal di tepi sungai masih buang air besar di sungai.

21. *buang air kecil*, to urinate
    Gunakanlah air selepas buang air kecil.

22. *buku lima*, the fist
    Orang muda itu telah menewaskan penyamun itu dengan buku limanya sahaja.

23. *buta huruf,* illiterate

    Satu daripada cara untuk membasmi buta huruf ialah dengan mengadakan kelas untuk orang-orang dewasa.

24. *cari penyakit,* to look for trouble

    Jangan cari penyakit, jangan dikacau sarang tabuan itu.

25. *cahaya mata,* one's loving child

    Selepas dua tahun mereka berkahwin mereka telah mendapat seorang cahaya mata, dan mereka namakannya Murni, gabungan daripada nama bapanya Murad dan ibunya Rohani.

26. *cepat tangan,* light-fingered

    Orang yang cepat tangan hendaklah diawasi apabila dia memasuki sesebuah kedai atau supermarket.

27. *cincin tanda,* engagement ring

    Kita tahu dia telah bertunang kerana dia ada memakai cincin tanda di jari manisnya.

28. *gelap mata,* to lose one's sense of thought

    Apabila kerani itu melihat wang beribu-ribu ringgit di atas mejanya, maka dia pun gelap mata dimasukkannya setengah ke dalam sakunya!

29. *geli hati,* tickled; amused

    Penonton sekalian geli hati menyaksikan lawak jenaka yang dipersembahkan oleh Jamali Syadat dan rakannya itu.

30. *gila bahasa,* eccentric

    Dia itu gila bahasa janganlah dipedulikan sangat perbuatannya.

31. *gila urat,* lustful; salacious

    Orang yang gila urat sentiasa berpakaian cantik, bahkan kadang-kadang melebihi yang sepatutnya, dan memakai bau-bauan pula!

32. *hancur hati,* broken-hearted

Dia telah hancur hati kerana pemuda yang berjanji hendak mengahwininya itu adalah seorang penipu besar.

33. *hati kecil,* innermost heart

Dia nampak sahaja riang tetapi di hati kecilnya dia tidak puas hati dengan tindakan yang diambil terhadapnya.

35. *hidung tinggi,* snobbish

Ramai orang tahu dia hidung tinggi jika kita beri dia ucap selamat pun jarang-jarang dia menyahut.

36. *jalan mati,* cul-de-sac, dead end

Jalan ini jalan mati di hujungnya ada gaung.

37. *jantung hati,* (same as *buah hati*)

38. *jatuh cinta,* to fall in love

Apabila dilihatnya gadis itu dengan serta-merta dia jatuh cinta, lalu terus meminangnya.

39. *jatuh hati* (same as *jatuh cinta*)

40. *kaki ayam,* barefooted

Dahulu ramai budak kampung datang ke sekolah dengan berkaki ayam.

41, *kaki botol,* drunkard

Dia seorang kaki botol dan banyak masanya terbuang dengan kerja-kerja maksiat.

42. *kaki judi,* a gambler

Banyak wangnya telah habis kerana dia seorang kaki judi.

43. *kaki bangku,* one who cannot play an outdoor game

Betul dia kaki bangku tetapi dia sangat maju dalam pelajaran.

44. *kaki sembang,* one who is good at conversation

Dia seorang kaki sembang dan boleh berbual berjam-jam lamanya.

45. *kecil hati,* hurt (in the feelings)

Zainab berasa kecil hati kerana dia tidak dijemput hadir ke majlis itu.

46. *keras hati,* obstinate; indisposition

Dia telah dinasihatkan jangan bergaduh lagi tetapi dia keras hati.

47. *keras kepala,* hard-headed

Oleh kerana dia keras kepala orang tidak suka kepadanya.

48. *kera sumbang,* an unsociable person

Hidupnya seperti kera sumbang, oleh itu orang tidak tahu hal kehidupannya.

49. *kepala angin,* a moody person

Nyatalah dia itu kepala angin semalam kelihatan peramah dan mesra tetapi hari ini tidak mahu bercakap dan menjauhkan diri.

50. *khabar angin,* rumour

Rupa-rupanya berita yang mengatakan harga getah akan naik itu hanyalah khabar angin.

51. *kuku besi,* cruelty

Rakyat telah memberontak terhadap raja yang menjalankan pemerintahan secara kuku besi itu.

52. *kutu embun,* night-birds

Mereka adalah kutu embun di kampung ini — mereka melalak ke hulu ke hilir hingga jauh malam.

53. *loyar buruk,* a hedge-lawyer

Semua orang tahu dia itu loyar buruk — bercakap pandai, tetapi percakapannya kosong semata-mata.

54. *makan gaji*, to work for wages
Kebanyakan penduduk bandar mencari nafkah dengan makan gaji.

55. *makan suap*, to accept bribe
Perbuatan makan suap adalah satu jenayah yang sangat buruk.

56. *masuk campur*, to participate; to get involved
Jangan masuk campur hal orang lain, buatlah kerja kau sendiri.

57. *mata kayu*, (same as *buta huruf*)

58. *mata pencarian*, means of livelihook
Mata pencariannya ialah menangkap ikan.

59. *membabi buta*, to attack furiously without a proper plan
Dia menjalankan kerja itu dengan membabi buta, itulah sebabnya dia gagal.

60. *membawa mulut*, to carry tales
Orang yang suka membawa mulut dibenci orang.

61. *meninggal dunia*, to pass away
Bapanya meninggal dunia kira-kira dua tahun lalu.

62. *merendahkan diri*, to lower oneself; to be humble
Orang yang merendahkan diri tidak akan hilang darjatnya.

63. *naik angin*, to be angry
Jangan dekati dia, dia tengah naik angin.

64. *naik haji*, to go on pilgrimage to Mecca
Saya bercadang hendak naik haji tahun hadapan.

65. *panjang tangan*, like to steal (usually small articles)
Perhatikan budak itu — dia tu panjang tangan.

66. *pasang telinga*, to listen attentively
Kita terpaksa pasang telinga, kerana syarahannya sangat bernas.

67. *pasar gelap*, black-market

    Barang ini boleh didapati di pasar gelap, tetapi harganya tersangat mahal.

68. *peti mati*, money-box which is difficult to open

    Orang tua-tua dahulu menyimpan wang mereka dalam peti mati, peti itu dibuka hanya apabila wang sangat-sangat diperlukan.

69. *putih mata*, disappointed; put to shame

    Putih matanya, kerana cincin di jarinya terjatuh ke dalam air sedang dia mandi di sungai itu.

70. *ringan tulang*, like to do work; active

    Halimah ringan tulang, bila ada apa-apa kerja dia akan menolong.

71. *sagu hati*, compensation

    Orang yang kena langgar itu diberi sagu hati sebanyak $500.

72. *sakit hati*, resentful; angry

    Dia sakit hati melihat orang berjaya, tetapi dia sendiri tidak mahu berusaha.

73. *telinga nipis*, sensitive to criticism

    Jika awak telinga nipis janganlah masuk campur dalam perdebatan itu.

74. *tidur ayam*, half asleep

    Jangan bercakap di sini, takut didengarnya kerana dia itu tidur ayam sahaja.

75. *tumbuk rusuk*, to give a bribe

    Kalau awak tumbuk rusuknya ada kemungkinan kerja itu dapat dibereskannya hari ini.

Appendix C

VOCABULARY

A

abate, *reda*
able, *mampu*
about, *kira-kira; mengenai; tentang; darihal*
abuse, *maki; memaki*
achieve, *capai; mencapai*
active, *cergas*
actor, *seniman*
actress, *seniwati*
A.D., *Tahun Masihi*
addition, *tambahan*
administer (to), *tadbir*
adult, *dewasa*
adult person, *orang dewasa*
advice, *nasihat*
aeroplane, *kapal terbang*
affairs, *hal-ehwal*
afraid of (to be), *takut*
after, *lepas; selepas; setelah*
afternoon prayer, *Zuhur*
again, *sekali lagi; pula*
age, *umur; zaman*
agriculture, *pertanian*
air, *udara*
alive (to be), *hidup*
all, *semua; segala*
all over, *seluruh*
all sorts, *berbagai-bagai*
along, *seorang diri*
along the road, *sepanjang jalan*
alright, *baiklah*
also, *pun; juga*
always, *sentiasa; selalu*
a.m., *pagi*
ambition, *cita-cita*
among, *di antara*
ancient, *purba; purbakala*
ancient time, *zaman silam*
and, *dan; dengan*
angry with (to be), *marah*
anniversary, *ulangtahun*
answer, *jawab, menjawab*
ant, *semut*
anxious (to be), *bimbang*
anybody, *siapa-siapa*
appoint (to), *lantik*
arrange (to), *susun, menyusun; mengaturkan*
arrest (to), *tangkap, menangkap*
arrive (to), *sampai*
ask (to), *tanya*

assemble (to), *kumpul, berkumpul*
assess (to), *nilai, menilai*
as usual, *seperti biasa*
archipelago, *kepulauan*
architecture, *senibina*
are, *ialah; adalah*
area, *kawasan*
around, *di keliling*
as, *sebagai*
as if, *seolah-olah*
assistance, *bantuan*
at, *di*
at (time), *pada*
at (where), *di mana*
at present, *sekarang*
attacker, *penyerang*
attend school (to), *bersekolah*
attention, *perhatian*
avoid (to), *elak, mengelakkan*
axe, *kapak*

B

baby, *bayi*
back (at the), *di belakang; di balik*
bad, *jahat; busuk*
bag, *beg*
ball, *bola*
banana, *pisang*
bandit, *penjahat*
basket, *bakul*
bathe (to), *mandi*
bathroom, *bilik mandi*
beach, *pantai*
beautiful, *cantik*
beautify oneself (to), *hias, berhias*
because, *sebab; oleh kerana; kerana*
become (to), *jadi*
bedstead, *katil*
bee, *lebah*
before, *dahulu; sebelum; tempoh hari*
begin (to), *mula; bermula*
beginning, *awal*
behind, *di balik; di belakang*
bell, *loceng*
below, *di bawah*
belt, *tali pinggang*
bench, *bangku*
beside, *di sebelah*
bestow (to), *anugerah*
bicycle, *basikal*
binoculars, *teropong*
bird, *burung*
biscuit, *biskut*
bite (to), *gigit, menggigit*
bit of paper, *keping kertas*
bitter, *pahit; pahit getir*
bitterness, *pahitnya; kepahitan*
blanket, *selimut*
blind, *buta*
board, *lembaga*
boat, *perahu*
body, *badan*
boil (to), *rebus*
bomb (to), *bom, mengebom*
bone, *tulang*
book, *buku*
book-case, *almari buku*
booming sound (with), *berdentum-dentam*
borrow (to), *pinjam, meminjam*
box, *kotak; peti*
boy, *budak lelaki*
brave, *berani*
bridge, *jambatan*
bring (to), *bawa, membawa*

bring up (to), *asuh; didik; mendidik*
broadcast (to), *siar, menyiarkan*
brush, *berus*
brush (to), *berus, memberus*
budgraft (to), *tut, mengetut*
buffalo droppings, *tahi kerbau*
build, *bina, membina*
building, *bangunan*
bus, *bas*
busy, *sibuk*
but, *tetapi*
butcher, *penjual daging*
butter, *mentega*
buy (to), *beli, membeli*
by so doing, *dengan demikian*

C

cage, *kandang*
call (to), *panggil, menamakan*
calm, *tenang*
camera, *kamera*
can, *boleh*
canal, *terusan*
cane (a), *rotan*
cane (to), *rotan, merotan*
canteen, *kantin*
capital, *ibukota*
card, *kad*
careful, *cermat*
careful, *cermat-cermat*
carry out (to), *jalankan*
casting-net, *jala*
cast net (to), *jala, menjala*
cat, *kucing*
catch (to), *tangkap, menangkap*
cause, *sebab*
cave, *gua*
caw (to), *mengerak*
ceiling, *siling*
celebrate (to), *merayakan; sambut, menyambut*
celebration, *perayaan*
centre, *pusat*
cents, *sen*
century, *kurun*
ceremony, *upacara*
certainly, *tentulah*
certify (to), *sah, mengesahkan*
chair, *kerusi*
chairman, *pengerusi*
chalk, *kapur*
chase (to), *kejar, mengejar*
cheap, *murah*
chemistry, *kimia*
chickens, *anak ayam*
chief clerk, *ketua kerani*
child, *budak; anak*
children (general), *kanak-kanak*
chocolates, *coklat*
choose (to), *pilih, memilih*
chop (to), *parang, memarang*
chopper, *parang*
cicada, *riang-riang*
cigarette, *rokok*
citizen, *warganegara*
city, *bandar; bandaraya*
clan, *puak*
clash with each other (to), *tempur, bertempur*
class, *lapisan; kelas*
clean, *bersih*
clear, *jelas*
clerk, *kerani*
clever, *pandai*
climax, *kemuncak*
climb (to), *panjat, memanjat; daki, mendaki*
clock, *jam*
close, *rapat*

close (to), *tutup, menutup*
cloth, *kain*
clothes, *pakaian*
cloud, *awan*
club, *kelab*
coast, *pantai*
coat, *baju*
coat with sugar (to), *sira*
coconut, *kelapa*
cold, *sejuk*
collapse (to), *runtuh; tumbang; roboh*
collect (to), *kumpul, mengumpul; pungut, memungut*
collection, *kutipan*
collide (to), *langgar, berlanggar*
colour, *warna*
comb, *sikat*
comb (to), *sikat, bersikat*
come (to), *datang*
comfort (in), *senang-lenang*
communicate (to), *berhubung*
community, *kaum*
company, *kawasan*
concerning, *mengenai*
conference, *persidangan*
confirm (to), *sah, mengesahkan*
conquer (to), *tawan, menawan*
conscious, *sedar*
consider (to), *anggap*
consist of (to), *mengandungi*
construct (to), *membina*
continent, *benua*
control (to), *kawal, mengawal*
convince (to), *yakin, meyakinkan*
cook, *tukang masak*
cooked rice, *nasi*
cooking-pot, *periuk*
co-operate (to), *kerjasama, bekerjasama*
cough, *batuk*
cough mixture, *ubat batuk*
count, *kira*
country, *negeri; negara*
courage, *keberanian*
course, *kursus*
cow, *lembu*
crab, *ketam*
cradle, *buaian*
crevice, *celah*
criss-cross, *sabung-menyabung*
crow, *gagak*
crowd (to), *penuhi, memenuhi*
cry (to), *tangis, menangis*
culture, *kebudayaan*
cup, *cawan; piala*
cupboard, *almari*
cut (to), *potong, memotong; pedang, memedang*
cute, *comel*
cut hair (to), *cukur, mencukur*

D

dance, *tari-menari; tarian*
dark, *gelap*
date, *tarikh*
daughter, *anak perempuan*
dawn, *dinihari*
day, *hari*
day-dream, *angan-angan*
decision, *keputusan*
debt, *hutang*
deed, *jasa*
definite, *tentu; tertentu*
delicious, *enak; sedap*
dentist, *doktor gigi*
depart (to), *tolak, bertolak*
department, *bahagian; jabatan*

destiny, *nasib*
diamond, *intan*
dictionary, *kamus*
die (to), *mati; meninggal dunia*
different, *berlainan; lain*
difficult, *susah; sukar*
dig (to), *gali, menggali*
dirt, *noda; kekotoran*
dirty, *kotor*
discipline, *adab tertib*
disorder, *kucar-kacir*
distribute (to), *edar*
dive (to), *selam, menyelam*
divorced (to be), *cerai, bercerai*
do (to), *buat*
doctor, *doktor*
dog, *anjing*
doll, *anak patung*
dollar, *ringgit*
donate (to), *derma, menderma*
donation, *derma*
don't, *jangan*
door, *pintu*
draw (to), *lukis, melukis*
drawing, *lukisan*
drawer, *laci*
drink (to), *minum*
drive (to), *pandu, memandu*
driver, *drebar; pemandu*
drop (to), *jatuh*
duck, *itik*
dusk, *senja*
Dutch, *Belanda*
Dutch (the), *orang Belanda*
duty, *tugas*

E

eager, *ingin*
early, *awal*
ear-ring, *anting-anting*
east, *timur*
easy, *senang*
eat (to), *makan*
educate (to), *didik, mendidik*
educated, *terpelajar*
education, *pendidikan*
egg, *telur*
eight, *lapan*
eighteen, *lapan belas*
eighth, *kelapan*
eldest (the), *yang sulung*
elder brother, *abang*
elder sister, *kakak*
elephant, *gajah*
eleven, *sebelas*
emperor, *maharaja*
empress, *maharani*
empty, *kosong*
encouragement, *galakan*
end, *penghujung*
engine, *enjin*
engineer, *jurutera*
enemy , *musuh*
enter (to), *masuk*
entertain with food (to), *jamu*
envelope, *sampul surat*
envy (to), *dengki; irihati*
era, *zaman*
error, *kesilapan*
essential, *mustahak*
estate, *ladang*
Europe, *Eropah*
evaluate (to), *nilai, menilai*
even if, *sungguhpun; walaupun; meskipun*
evening, *petang*
event, *peristiwa; acara*
every, *tiap-tiap*
every other day, *lat sehari*
every other week, *lat seminggu*

everything, *serba-serbi*
examine (to), *periksa, memerika*
examination, *peperiksaan*
except, *kecuali*
exercise, *latihan*
excessively, *terlalu*
exchange, *tukar; bertukar*
exhibition, *pameran*
expedition, *ekspedisi*
expenses, *perbelanjaan*
expensive, *mahal*
experience (to), *alami, mengalami*
explore (to), *jelajah*
expose to wind (to), *angin, mengangin*
extensive, *luas*
extract (to), *petik*

F

face, *muka*
factory, *kilang*
failed, *gagal*
fall (to), *jatuh*
family, *keluarga*
fan, *kipas*
fare, *tambang*
farm, *ladang*
farmer, *peladang*
fast, *laju; pantas*
fast (to), *puasa, berpuasa*
fast asleep (to be), *terlena*
fasting, *puasa*
fat, *gemuk*
father, *bapa*
fearful, *menakutkan*
fee, *yuran*
feeling, *perasaan*
female (Muslim religious) teacher, *ustazah*
fence, *pagar*
fertilizers, *baja*
fiancee, *tunangan*
field, *lapangan; padang*
fifteen, *lima belas*
fifth, *kelima*
fight (to), *kelahi; berkelahi; tumbuk; bertumbuk*
fight, *perkelahian*
file, *fail*
find (to), *cari, mencari*
finding, *mendapat*
fine, *bagus*
finger-ring, *cincin*
finish (to), *habis*
fire, *api*
fire (a), *kebakaran*
fire-arms, *senjata api*
Fire-Brigade, *Pasukan Bomba*
fire-fly, *kelip-kelip*
firm, *firma*
first, *pertama*
fish, *ikan*
fisherman, *nelayan*
five, *lima*
fix (to), *pasang, memasang*
flag, *bendera*
flash (to), *memancar*
flesh, *daging*
flood, *banjir*
flooded (to be), *dibanjiri*
flower, *bunga*
flower-pot, *pasu bunga*
flying fox, *keluang*
fold, *ganda*
follow (to), *ikut; mengikut*
fond of (to be), *gemar; sayang*
foot, *kaki*
for, *untuk*
forced (to be), *terpaksa*

foreign, *asing*
foreign minister, *menteri luar*
forest, *hutan*
forget (to), *lupa*
fork, *garpu*
four, *empat*
fourteen, *empat belas*
fourth, *keempat*
fowl, *ayam*
free, *bebas; percuma*
French, *Perancis*
Friday, *hari Jumaat*
friend, *kawan; sahabat; teman*
from, *dari; daripada*
front of (in), *di hadapan*
fruit, *buah*
fruit-fly, *bari-bari*
fruitful, *berhasil*
fruits, *buah-buahan*
fully, *dengan sepenuh*
function, *tugas*

G

gallon, *gelen*
gamble (to), *judi, berjudi*
game, *permainan*
garden, *kebun; taman*
gardener, *tukang kebun*
gate, *get*
germ, *kuman*
get (to), *dapat*
get ready (to), *sedia, bersedia*
get up (to), *bangun*
giant, *raksasa*
girl, *budak perempuan*
give (to), *beri*
glass (the tumbler), *gelas*
go (to), *pergi*
go across (to), *melintas*
goal, *gol*
goat, *kambing*
go down (to), *turun*
go downstream (to), *hilir; menghilir*
go hunting (to), *berburu*
go on foot (to), *berjalan kaki*
go out (to), *keluar*
gold, *emas*
good, *baik; bagus*
good health (in), *sihat*
goods, *barang-barang*
goose, *angsa*
go towards (to), *menuju*
government, *kerajaan*
grade, *pangkat*
grandfather, *datuk*
grapes, *anggur*
grass, *rumput*
great, *teragung*
greetings, *salam; ucap selamat*
ground (to), *tanah*
group, *kumpulan*
grow (to), *tumbuh*
guide (to), *pimpin*
gun, *senapang*

H

hack (to), *kapak; mengapak*
hair, *rambut*
hall, *dewan*
handbag, *beg tangan*
handkerchief, *saputangan*
hands, *tangan*
hang (to), *gantung; menggantung*
happy, *gembira; sukacita*
hard, *keras*
hardship, *kesukaran*
hardworking, *rajin*
has to, *kena*

hat, *topi*
hate (to), *benci*
have interest (to), *berminat*
have to, *kena*
he, *dia; beliau; baginda*
head-boy, *ketua murid*
Head Teacher, *Guru Besar*
health, *kesihatan*
healthy, *sihat*
heap (a), *longgok*
hear (to), *dengar, mendengar*
heart, *hati*
heartily, *berdekah-dekah*
heavy, *berat; lebat*
hero, *pahlawan; panglima*
hide (to), *bersembunyi*
hiding-place, *tempat bersembunyi*
hill, *bukit*
him, *dia*
hire, *sewa, menyewa*
history, *sejarah*
historic, *bersejarah*
hit (to), *pukul, memukul*
hold (to), *pegang, memegang*
hold a picnic (to), *berkelah*
holidays, *cuti*
home, *rumah; rumahtangga*
home (at), *di rumah*
horizon, *ufuk*
horse, *kuda*
hot, *panas*
house, *rumah*
how, *bagaimana*
how many, *berapa*
how much, *berapa harga*
hub, *pusat*
hug (to), *peluk, memeluk*
human being, *manusia*
hungry, *lapar*
hunting (to go), *buru; berburu*
husband, *suami*
hut, *pondok*

I

I, *saya; aku*
I, *teman; patik; hamba; beta*
iced-water, *air batu*
if, *kalau; jika; jikalau*
immediately, *segera*
important, *penting*
in, *dalam*
incite (to), *api; mengapi*
income, *pendapatan*
independence, *kemerdekaan*
inflation, *inflasi*
inform (to), *maklumkan*
inhabitant, *penduduk*
inside, *di dalam*
inspect (to), *periksa, memeriksa*
install (to), *terpasang*
interesting, *menarik*
invite (to), *jemput, menjemput*
iron, *besi*
is, *ialah; adalah*
island, *pulau*
it, *ia*

J

javelin, *lembing*
jealous of (to be), *cemburu*
joy, *nikmat*
jump (to), *lompat, melompat*
jungle, *hutan*
just now, *tadi*

K

kick (to), *sepak; menyepak*
keep (to), *simpan; menyimpan*

keep (promise) (to), *menepati (janji)*
key, *anak kunci*
kill (to), *bunuh*
kilo, *kilo*
kind, *jenis; mesra*
kiss, *cium; bercium*
kite, *layang-layang*
kitten, *anak kucing*
knife, *pisau*
knock against (to), *langgar; melanggar*
know (to), *tahu; kenal*
knowledge, *ilmu; pengetahuan*

L

lack (to), *kekurangan*
ladder, *tangga*
ladle (a), *senduk*
ladle (to), *senduk, menyenduk*
lamp, *lampu*
land, *tanah*
land (to), *darat; mendarat*
language, *bahasa*
large, *besar*
late, *lambat*
late at night, *larut malam*
later, *kemudian*
laugh (to), *tertawa*
launch (to), *lancar*
law, *undang-undang*
layer, *lapisan*
lazy, *malas*
leaf, *daun*
leafy (of trees), *rendang*
learn (to), *belajar*
leave (to), *tolak; bertolak*
leave one another (to), *pisah; berpisah*
legs, *kaki*
lesson, *pelajaran*
let (to), *biar*
letter, *surat; huruf*
library, *perpustakaan*
licence, *lesen*
lie down (to), *merebahkan diri*
lift, *lif*
light, *ringan*
lightning, *kilat*
life, *kehidupan; jiwa*
like (to), *suka*
limit (to), *had; menghadkan*
link, *perhubungan*
lion, *singa*
list, *senarai*
listen (to), *dengar, mendengar*
litter, *sampah*
live (to), *tinggal*
locked, *berkunci*
log, *batang*
long, *panjang*
long-house, *rumah panjang*
long for (to), *ingin*
look after (to), *jaga; menjaga*
lorry, *lori*
loss, *rugi*
lot of (a), *banyak*
love (to), *sayang; kasih*
lump, *ketul*

M

mad, *gila*
Madam, *Puan*
magazine, *majalah*
magnificent, *indah*
mail train, *keretapi mel*
make (to), *buat; membuat*
make friends (to), *kawan; berkawan*

make a promise (to), *janji; beranji*
make a sound (to), *berbunyi*
Malay Archipelago, *Kepulauan Melayu*
Malay cap, *songkok*
Malay language, *bahasa Melayu*
Malay people, *orang Melayu*
male (Muslim religious) teacher, *ustaz*
mammoth, *raksasa*
manager, *pengurus*
mango, *mangga*
manners, *adab tertib*
many, *banyak*
many (of people)0, *ramai*
many kinds, *berbagai-bagai*
march (in procession) (to), *berarak*
march past (to), *melintas*
mark, *markah*
marriage, *perkahwinan*
marry (to), *kahwin, berkahwin*
mat, *tikar*
matches, *mancis*
matters, *hal-ehwal*
mattress, *tilam*
me, *saya*
meaning, *erti*
measure (to), *ukur, mengukur*
meat, *daging*
medical attention, *rawatan*
medicine, *ubat*
meet (to), *jumpa; berjumpa*
meeting, *mesyuarat; perjumpaan*
member, *ahli*
memorize (to), *hafaz*
merchant, *saudagar*
midday, *tengah hari*
middle, *tengah*
midnight, *tengah malam*
mile, *batu*
military, *tentera*
milk, *susu*
mine (to), *melombong*
minister, *menteri*
minute, *minit*
mirror, *cermin*
Miss, *Cik*
Monday, *hari Isnin*
money, *wang*
monument, *tugu*
moon, *bulan*
more, *lebih; lagi*
morning, *pagi*
mosque, *masjid*
mosquito, *nyamuk*
mother, *emak*
mother's conception, *kandungan ibu*
motion, *usul*
motor-car, *motokar*
motorcycle, *motosikal*
mountain, *gunung*
mountaineer, *pendaki gunung*
mountain range, *banjaran gunung*
moustache, *misai*
move (to), *gerak; bergerak*
movement, *gerak-geri; pergerakan*
Mr., *Encik*
Mrs., *Puan*
multi, *berbagai-bagai; pelbagai*
Muslim, *Islam*
must, *mesti*

N

nail (a), *paku*
nail (to), *paku; memaku*
name, *nama*
name (to), *nama; menamakan*
nation, *bangsa*
navigator, *pelayar*
near, *dekat*
necessarily, *semestinya*
necessary, *mustahak*
need (to), *memerlukan*
needed, *perlukan*
needful, *perlu*
needle, *jarum*
neighbour, *jiran*
never, *tak pernah*
new, *baharu*
news, *berita*
newspaper, *suratkhabar*
nicely, *elok-elok*
night, *malam*
nine, *sembilan*
nineteen, *sembilan belas*
ninth, *kesembilan*
no, *tidak*
not, *bukan*
not so, *tidak berapa; tidak begitu*
not yet, *belum*
novel, *novel*
now, *sekarang*
nurse, *jururawat*

O

oar (an), *dayung*
obedient, *patuh*
observe (to), *perhatikan*
occasion, *majlis*
ocean, *lautan*
office, *pejabat*
oil, *minyak*
officer, *pegawai*
oh, *oh*
old, *tua; buruk; lama*
on, *di atas*
one, *satu*
only, *sahaja*
open (to), *buka; membuka*
open the mouth (to), *nganga; menganga*
or, *atau*
orphan, *anak yatim*
other, *lain*
outside, *di luar*
over, *di atas*

P

packet, *bungkus; bungkusan*
padlock, *ibu kunci; mangga*
page, *mukasurat*
paint (to), *cat, mengecat*
pan, *kuali*
paper, *kertas*
parade, *perbarisan*
parents, *ibu bapa*
part, *bahagian*
participant, *peserta*
party, *majlis*
pass through (of water), *telap*
pay (to), *bayar; membayar*
peaceful, *aman*
pen, *pen; pena*
pencil, *pensel*
people, *manusia; rakyat*
perhaps, *mungkin; agaknya*
perform duties (to), *bertugas*
perished (to be), *terkorban*
person, *orang*
pheasant, *kuangkuit*

physical exercise (to do), *senam; bersenam*
picture, *gambar*
piece, *helai; keping*
pillar, *tiang*
pineapple, *nenas*
pirate, *perompak*
place, *tempat*
place (to), *letak; meletak*
plane (a), *ketam*
plane (to), *ketam; mengetam*
plank, *papan*
plant (to), *tanam; menanam*
play (to), *main; bermain*
pleased, *sukacita*
pleasure, *nikmat*
plentiful, *lebat; banyak*
plough (a), *tenggala*
plough (to), *tenggala; menenggala*
pluck (to), *petik*
pocket, *saku; kocek*
point (to the), *tepat*
poison, *racun*
pole (a), *galah; menggalah*
police, *polis*
polish (to), *gilap; menggilap*
pond, *kolam*
pool, *kolam; danau*
poor, *miskin*
portion, *bahagian*
Portuguese (the), *orang Portugis*
possibly, *mungkin*
post, *tiang*
potatoes, *ubi kentang*
pouring, *mencurah-curah*
pray (to), *bersembahyang*
present (a), *hadiah*
present (to be), *hadir; berada*
president, *yang dipertua*
pretty *cantik*
price, *harga*
Prime Minister, *Perdana Menteri*
prince, *putera*
princess, *puteri*
print (to), *cap; mengecap; cetak; mencetak*
prize, *hadiah*
problem, *masalah*
profit, *untung*
programme, *acara*
progressive, *maju*
project, *rancangan*
promise, *janji*
promoted (to be), *naik pangkat*
proof, *dalil; bukti*
property, *harta*
proprietor, *tuan punya*
prosperous, *makmur*
provisions, *bekalan*
public, *ramai; orang ramai*
publish (to), *siar; menyiarkan*
pull (to), *tarik; menarik*
pull down (to), *runtuh*
pump (to), *pam, mengepam*
pupil, *murid*
purse (a), *pundi-pundi*
push (to), *tolak*
put (to), *bubuh*
put off (light), *padam*
put up roof (to), *atap; mengatap*

Q

question, *soalan*
question (to), *soal; menyoal*
quick, *cepat*
quiet, *pendiam*

R

radio set, *peti radio*

raft, *rakit*
rain, *hujan*
rain-coat, *baju hujan*
rank, *pangkat*
rather, *agak*
reach, *sampai*
read (to), *baca; membaca*
really, *sungguh*
receive (to), *terima; menerima*
recently, *baharu-baharu ini*
recognize (to), *cam; mengecam; kenal*
red, *merah*
receive (to), *sambut; terima*
refreshing, *menyegarkan*
region, *rantau*
relate (to), *hal; menghalkan*
release (to), *lepas*
reliable, *handal; boleh dipercayai*
religion, *agama*
remain (to), *tinggal*
remember (to), *ingat*
rent (to), *sewa, menyewa*
repair (to), *baiki; membaiki*
reply (to), *jawab; menjawab*
represent (to), *wakil; mewakili*
representative, *wakil*
research, *penyelidikan*
resemble (to), *serupa; menyerupai*
reside permanently (to), *menetap*
resolution, *keputusan; resolusi*
responsibility, *tanggungjawab*
responsible (to be), *bertanggungjawab*
rest, *rehat*
rest (to), *berehat*
restaurant, *restoran*
return (to), *balik*
rice-field, *sawah; (dry) huma*
rich, *kaya*
river, *sungai*
river turtle, *labi-labi*
road, *jalan*
roar (to), *menderu; mengaum*
robber, *perompak; penyamun*
roof, *atap*
room, *bilik*
rope, *tali*
round, *bulat*
row (to), *dayung; mendayung*
rubber, *getah*
rule, *peraturan*
ruler, *pembaris; raja*
run (to), *lari; berlari*
rush (to), *berebut-rebut*

S

safe, *selamat*
said, *tersebut; telah berkata*
sail (to), *layar; belayar*
Salary Commission, *Suruhanjaya Gaji*
salt, *garam*
salute, *tabik hormat*
same, *sama*
satay, *sate*
satisfactory, *memuaskan*
Saturday, *hari Sabtu*
save (to), *menyelamatkan*
saw (a), *gergaji*
saw (to), *gergaji; menggergaji*
school, *sekolah*
science, *sains*
scholarship, *biasiswa*
score (goal) (to), *jaring; menjaringkan*
scout, *pengakap*

scratch (to), *garu; menggaru*
scrub (to), *gosok; menggosok*
sea, *laut*
sea-weed, *agar-agar*
search (to), *cari; mencari*
second, *kedua*
secondary school, *sekolah menengah*
secretary, *setiausaha*
see (to), *lihat; melihat; tengok; menengok*
seem (to), *seolah-olah; nampaknya*
send (to), *kirim; mengirim; hantar; menghantar*
sentence, *ayat*
sentiment, *sentimen*
separated from others (to be), *pecah; berpecah; cerai; bercerai*
servant, *orang gaji*
set foot (to), *jejak; menjejakkan kaki*
set free (to), *lepaskan*
seven, *tujuh*
seventeen, *tujuh belas*
seventh, *ketujuh*
sever (to), *putus*
severed, *terputus*
sew (to), *jahit, menjahit*
shake (to), *goyang; goncang; gegar*
shake hands (to), *jabat; berjabat tangan*
sharp, *tajam; tepat*
shave (to), *cukur, mencukur*
she, *dia; beliau*
sheep, *biri-biri*
sheet, *helai*
ship, *kapal*
shirt, *kemeja*
shoe, *kasut*
shoot (to), *tembak; menembak*
shop, *kedai*
shop-house, *rumah kedai*
shopkeeper, *pekedai*
short, *pendek; singkat; rendah*
shout, *jerit; menjerit*
show, *pertunjukkan*
show (to), *menunjukkan*
sick, *sakit*
silent (to be), *diam*
silk, *sutera*
silver, *perak*
sincere, *jujur*
sing (to), *nyanyi; menyanyi*
single-handed, *seorang diri*
sit (to), *duduk*
six, *enam*
sixteen, *enam belas*
sixth, *keenam*
skin, *kulit*
sky, *langit*
slander, *fitnah*
slash (to), *parang; memarang; pedang; memedang*
sleep (to), *tidur*
slope, *lereng*
slowly, *perlahan-lahan*
small, *kecil*
smart, *handal; kemas*
smoke (to), *hisap; menghisap (rokok)*
smoke a cigarette (to), *rokok; merokok*
smoothen (to), *melicinkan*
snake, *ular*
snap (to), *putus*
snare (a), *jerat*
snare (to), *jerat, menjerat*

snatch (to), *ragut; meragut*
snow, *salji*
so, *begitu; demikian*
soap, *sabun*
society, *masyarakat*
soft, *lembut*
soil, *tanah*
soldiers, *perajurit; askar*
something, *sesuatu*
sometimes, *kadang-kadang*
son, *anak lelaki*
song, *lagu*
songster, *biduan*
songstress, *biduanita*
so that, *supaya*
sound, *bunyi*
soup, *sup*
south, *selatan*
South Pole, *Kutub Selatan*
souvenir, *oleh-oleh; cenderamata*
space, *kawasan*
spear, *lembing*
special, *istimewa*
spectators, *penonton*
spell (to), *eja; mengeja*
spend the night (to), *bermalam*
splendid, *indah*
sponsor (to), *anjur; menganjurkan*
spoon, *camca*
sports, *sukan*
stab each other (to), *tikam; bertikam*
staff, *kakitangan*
stairs, *tangga*
stand (to), *diri; berdiri*
station, *balai*
star, *bintang*
started, *bermula*
state, *negara*
state (to), *menyatakan*
station, *stesen*
status, *taraf*
steal (to), *curi; mencuri*
step, *langkah*
step on (to), *pijak; memijak*
still, *lagi; masih*
stinking, *busuk*
stitch (to), *jahit; menjahit*
stockings, *setokin*
stomach, *perut*
stone, *batu*
stop (to), *henti; berhenti*
storey, *tingkat*
story, *riwayat; cerita*
story (short), *cerpen*
stout-hearted, *cekal*
stout-heartedness, *kecekalan*
straight, *lurus*
strike (of a clock), *berbunyi*
stroll (to), *bersiar-siar*
strong, *kuat*
strong (of wind), *kencang*
struggle for something (to), *berebut-rebut*
student, *penuntut; pelajar*
subject, *rakyat; mata pelajaran*
success, *kejayaan*
subscription, *yuran*
successful, *berjaya*
suck (to), *hisap; menghisap*
such as, *seperti*
suffering, *penderitaan*
suggestion, *syor*
summit, *kemuncak*
Sunday, *hari Ahad*
sunk, *terbenam*
surface, *permukaan*

surging to and fro, *berpusu-pusu*
surrender (to), *menyerah diri*
surrounding, *sekitar*
sweep (to), *sapu; menyapu*
sweets, *gula-gula*
switch, *suis*
sword, *pedang*
sway (to), *buai; terumbang-ambing*
swim (to), *renang; berenang*
switch on (to), *pasang; memasang*
swift, *pantas*

T

table, *meja*
tail, *ekor*
take (to), *ambil; mengambil*
take place (to), *berlangsung*
talent, *bakat*
talk, *perbualan*
tall, *tinggi*
taste (to), *rasa; merasa*
tasteless, *tawar*
tax, *cukai*
taxi, *teksi*
tea, *teh*
teach (to), *ajar; mengajar; asuh*
teacher, *guru*
technology, *teknologi*
telephone, *telefon*
tell (to), *beritahu; memberitahu*
temple, *kuil*
temporary, *sementara*
ten, *sepuluh*
tenth, *kesepuluh*
test, *ujian*
than, *daripada*
thanks, *terima kasih*
that, *yang; bahawa*
that way, *begitu*
them, *mereka*
then, *kemudian; maka*
they, *mereka*
thick, *tebal*
thin, *kurus; nipis*
thing, *barang*
think (to), *fikir; berfikir; memikirkan*
third, *ketiga*
thirsty, *dahaga*
thirteen, *tiga belas*
this way, *begini*
thorn, *duri*
thorough, *rapi*
thought, *angan-angan; fikiran*
thread, *benang*
threatened (to be), *terancam*
three, *tiga*
through, *menerusi; melalui*
thunder, *guruh*
Thursday, *hari Khamis*
ticket, *tiket*
tie (to), *ikat, mengikat*
ties, *perhubungan*
tiger, *harimau*
till, *hingga; sehingga*
timber, *balak*
time, *masa; kala; kali; waktu; tempoh; zaman*
tin, *timah*
tin-ore, *bijih timah*
tiny, *halus*
tired, *letih*
title, *gelaran*
to, *kepada; ke*
today, *hari ini*
together, *bersama-sama*
tomorrow, *esok*

too, *terlampau; juga*
too much, *terlampau*
tooth, *gigi*
top, *kemuncak*
tortoise (a), *kura-kura*
total, *jumlah*
tourist, *pelancong*
towards, *terhadap*
tower, *menara*
town, *pekan*
trade (to), *berniaga*
Trade Union, *Kesatuan Sekerja*
train, *keretapi*
train (to), *latih; melatih*
transferred (to be), *tukar; bertukar*
transport, *kenderaan; pengangkutan*
travel about (to), *jelajah; menjelajah*
traveller, *pengembara*
travel to and fro (to), *berulang-alik*
tray, *dulang*
tree, *pokok*
treasury, *perbendaharaan*
troupe, *pasukan*
trousers, *seluar*
truly, *benar*
trunk (of elephant), *belalai*
try (to), *cuba*
Tuesday, *hari Selasa*
tune, *lagu*
twelve, *dua belas*
twenty, *dua puluh*
twinkle (to), *berkelip-kelip*
two, *dua*
type (to), *taip; menaip*

U

ugly, *buruk; hodoh*
umbrella, *payung*
unanimously, *dengan sebulat suara*
unceasingly, *tidak berhenti-henti*
uncle, *bapa saudara*
under, *di bawah*
underneath *di bawah*
universe, *alam*
untie a know (to), *orak; mengorak*
until, *hingga; sehingga*
use (to), *pakai; memakai; menggunakan*
useful, *berguna*
usually, *biasanya*

V

vacant, *kosong*
varied, *pelbagai*
vegetable, *sayur*
verily, *bahkan*
very much, *sangat*
victim, *mangsa*
victorious, *menang*
village, *kampung*
visible (to be), *nampak*
visit (to), *lawat; melawat*
visit (to), *ziarah; menziarah*
volunteer, *sukarela*

W

wait (to), *tunggu*
waiter, *pelayan lelaki*
waitress, *pelayan perempuan*
wake up (to), *bangun*

walk (to), *jalan; berjalan*
wall, *dinding*
war, *perang*
ware-house, *gudang*
warrior, *hulubalang*
wash (to), *basuh; membasuh*
watch, *jam*
watch (to), *saksi; menyaksikan; memerhatikan; lihat; melihat*
water, *air*
water (to), *siram; menyiram*
ways and means, *ikhtiar*
we, *kita; kami*
wealthy (the), *hartawan*
weapon, *senjata*
wear (to), *pakai; memakai*
weather, *cuaca*
Wednesday, *hari Rabu*
week, *minggu*
welfare, *kebajikan*
well, *telaga*
well-known, *terkenal*
well-to-do, *berada*
west, *barat*
western, *barat*
wet, *basah*
what, *apa; yang*
wheat, *gandum*
when, *bila; menakala; ketika; apabila*
where (to), *ke mana*
which, *yang; yang mana*
while (a), *sebentar*
whisper (to), *bisik; berbisik*
who, *siapa*
whose, *siapa punya*
why, *mengapa*
widow, *janda*
wife, *isteri*
wind, *angin*
window, *tingkap*
wipe (to), *lap; mengelap*
with, *dengan; pada; serta*
with ease, *dengan mudah*
without, *tanpa*
witness (to), *saksi; menyaksikan*
woman, *perempuan*
wood, *kayu*
word, *perkataan; kata*
work, *kerja*
work (to), *kerja; bekerja*
work hard (to), *berusaha*
world, *dunia*
worried (to be), *bimbang*
wreath, *kalung bunga*
write (to), *tulis; menulis*
writing, *tulisan*
wrong (to be in the), *bersalah*

Y

year, *tahun*
yes, *ya*
yesterday, *kelmarin*
you, *awak; engkau; anda; tuan; encik*
young, *muda*
younger brother, *adik*
younger sister, *adik*
youth, *pemuda*
youth (female), *beliawanis*
youth (male), *belia*

Z

zero, *kosong*

Bibliography

1. Zainal Abidin bin Ahmad; *Pelita Bahasa Melayu, Penggal 1*, Dewan Bahasa dan Pustaka, 1962.

2. Sir Richard Winstedt; *Simple Malay Grammar*, Marican and Sons, Singapore — Kuala Lumpur, 1962.

3. P.C. Wren and H. Martin; *High School English Grammar and Composition*, K & J Cooper, Bombay, 1961.

4. Asmah Haji Omar and Rama Subbiah; *An Introduction to Malay Grammar*, Dewan Bahasa dan Pustaka, Kuala Lumpur, 1968.

5. Raja Mukhtaruddin Dain; *Bahasa Malaysia — A Programmed Course for Beginners*, Dewan Bahasa dan Pustaka, Kuala Lumpur, 1971.

6. Adibah Amin; *Sharpen Up Your Bahasa Malaysia*, Federal Publications Sdn. Bhd. Kuala Lumpur, 1973.

7. Abdullah Hassan; *The Morphology of Malay*, Dewan Bahasa dan Pustaka, Kuala Lumpur, 1974.

OTHER BOOKS OF INTEREST

- Japanese Grammar
- Malay Queries
- Malay Dictionary
- English-Japanese-Malay Phrase Book
- Chinese Interpreter
- Kamus Bahasa Baku
- Kamus Peribahasa
- Malay-Japanese Dictionary
- Kamus Bahasa Malaysia-Bahasa Jepun
- Malay-English Phrase Book For Tourist
- English-Malay: Useful Words and Expression

Lembu Punya Susu, Sapi Punya Nama
The cow gave the milk, but the Wild Ox got the credit.

Mari - come

meri - happy.